Die Bedeutung von MAC-Klauseln
für den deutschen
Unternehmenskaufvertrag

Europäische Hochschulschriften
European University Studies
Publications Universitaires Européennes

Reihe II   **Rechtswissenschaft**
Series II   Law
Série II   Droit

Band/ Volume **5803**

Alexander Schmoz

Die Bedeutung von MAC-Klauseln für den deutschen Unternehmenskaufvertrag

Bibliografische Information der Deutschen Nationalbibliothek
Die Deutsche Nationalbibliothek verzeichnet diese Publikation in der Deutschen Nationalbibliografie; detaillierte bibliografische Daten sind im Internet über http://dnb.d-nb.de abrufbar.

ISSN 0531-7312
ISBN 978-3-631-66916-7 (Print)
E-ISBN 978-3-653-06420-9 (E-Book)
DOI 10.3726/978-3-653-06420-9

© Peter Lang GmbH
Internationaler Verlag der Wissenschaften
Frankfurt am Main 2016
Alle Rechte vorbehalten.
PL Academic Research ist ein Imprint der Peter Lang GmbH.
Peter Lang – Frankfurt am Main · Bern · Bruxelles · New York · Oxford · Warszawa · Wien

Das Werk einschließlich aller seiner Teile ist urheberrechtlich geschützt.
Jede Verwertung außerhalb der engen Grenzen des Urheberrechtsgesetzes ist ohne Zustimmung des Verlages unzulässig und strafbar.
Das gilt insbesondere für Vervielfältigungen, Übersetzungen, Mikroverfilmungen und die Einspeicherung und Verarbeitung in elektronischen Systemen.

Diese Publikation wurde begutachtet.

www.peterlang.com

Vorwort des Autors

Die vorliegende Arbeit war Gegenstand meiner Masterarbeit im Studiengang Mergers & Acquisitions an der Westfälischen Wilhelms-Universität Münster, die zum Erwerb des LL.M. diente. Rechtsprechung und Literatur sind bis Juli 2015 berücksichtigt.

Dank gilt meinem Betreuer und Erstgutachter Herrn Prof. Dr. Ingo Saenger, der mich auch zur Veröffentlichung dieser Arbeit ermutigte, wie auch Herrn Prof. Dr. Matthias Casper für die Übernahme des Zweitgutachtens.

Der größte Dank gebührt jedoch meinen Eltern, ohne deren vorbehaltlose Unterstützung nicht nur mein Masterstudium sondern auch mein gesamter bisheriger Werdegang nicht möglich gewesen wäre.

Stuttgart, im Oktober 2015 *Alexander Schmoz, LL.M.*

Vorwort des betreuenden Professors

Der Abschluss des Unternehmenskaufvertrags und der dingliche Vollzug der Transaktion fallen regelmäßig nicht auf einen einheitlichen Zeitpunkt. Es können sich aber zwischen Signing und Closing auch außerhalb des Unternehmens liegende Umstände verändern, die dem wirtschaftlichen Zweck des Unternehmenskaufs zuwider laufen. Denkbar sind plötzlich auftretende Rezessionen, wie die nach dem 11. September 2001, ebenso wie nicht vorhergesehene Veränderungen am Kapitalmarkt, wie die nach den jüngsten Ereignissen bei Volkswagen. In der Konsequenz können solche Umstände eine Finanzierung des Unternehmenskaufs unmöglich machen. Das dann zu verteilende Risiko kann durch Rücktrittsvereinbarungen berücksichtigt werden. Bei solchen vertraglichen Rücktrittsrechten spricht man von Material Adverse Change-Klauseln oder auch MAC-Klauseln. Diese stellen letztlich eine rechtsgeschäftliche Konkretisierung der Grundsätze über die Störung der Geschäftsgrundlage nach § 313 BGB dar. Die vorliegende Masterarbeit, die im Rahmen des von der JurGrad organisierten Postgraduierten-Studiengangs Mergers & Acquisitions an der Westfälischen Wilhelms- Universität Münster verfasst wurde, widmet sich dieser Thematik. Alexander Felix Schmoz untersucht in überzeugender Weise und umfassend die Wertigkeit von MAC-Klauseln für deutsche Unternehmensverträge.

Münster, im Oktober 2015 *Prof. Dr. Ingo Saenger*

Inhaltsverzeichnis

Abkürzungsverzeichnis 13

A. Einleitung 17

B. Ausgangslage beim Unternehmenskauf 19
   I. Trennung zwischen Signing und Closing 19
   II. Problem 21
      1. Interessenlage der Parteien 21
      2. Zeitraum zwischen Signing und Closing 22
      3. Auswirkungen auf den Unternehmenskaufvertrag 24
   III. Zusammenfassung 24

C. Gesetzliche Risikoverteilung 27
   I. Gesetzliche Regelung 27
      1. Besonderer Teil des Schuldrechts 27
      2. Allgemeiner Teil des Schuldrechts 28
         a. Unmöglichkeit gem. § 275 BGB 28
         b. Störung der Geschäftsgrundlage gem. § 313 BGB 30
   II. Stellungnahme 32
      1. Stärken 32
      2. Schwächen 33

D. Vertragliche Risikoverteilung durch MAC-Klauseln 37
   I. Einführung 37
   II. Abgrenzung 39
      1. MAE-Klauseln 39
      2. Force-Majeure-Klauseln 40
      3. Hardship-Klauseln 41

III. Grundsatz der Vertragsfreiheit 41
IV. Ausgestaltung des Tatbestands 43
    1. Nachteilige Veränderung 43
        a. Interne Veränderung 44
        b. Externe wirtschaftliche Veränderung 44
        c. Externe nicht wirtschaftliche Veränderung 45
    2. Wesentlichkeit 45
V. Ausgestaltung der Rechtsfolge 47
    1. Anspruch auf Anpassung des Vertrages 48
    2. Anspruch auf Rücktritt vom Vertrag 48
    3. Weitere Ansprüche 49
        a. Minderung 50
        b. Schadenersatz 50
    4. Bedingung 50
VI. Ausgestaltung des zeitlichen Rahmens 51
VII. Stellungnahme 51
    1. Stärken 52
    2. Schwächen 54
    3. Andere Möglichkeiten 56
        a. Garantien 56
        b. Covenants 57
        c. Closing Accounts 58
VIII. Zusammenfassung 58

E. Besonderheit bei öffentlichen Übernahmeangeboten 61
  I. Ausgangslage 61
  II. Problem der gesetzlichen Risikoverteilung 62
  III. Einschränkung des Grundsatzes der Privatautonomie 63
  IV. Ausgestaltung einer wirksamen MAC-Klausel 64

    1. Tatbestand 65
        a. Nachteilige Veränderung 65
        b. Wesentlichkeit 66
    2. Rechtsfolge 69
    3. Zeitlicher Rahmen 70
   V. Stellungnahme 71

F. Fazit 75

Literaturverzeichnis 77

Abkürzungsverzeichnis

a.A.	andere Ansicht
Abs.	Absatz
AcP	Archiv für die civilistische Praxis (Zeitschrift)
a.F.	alte Fassung
AG	Die Aktiengesellschaft (Zeitschrift)
AktG	Aktiengesetz
Alt.	Alternative
Anh.	Anhang
AngebVO	WpÜG-Angebotsverordnung
AT	Allgemeiner Teil
AZR	Registerzeichen für Revisionen am Bundesarbeitsgericht
BaFin	Bundesanstalt für Finanzdienstleistungsaufsicht
BAG	Bundesarbeitsgericht
BB	Betriebsberater (Zeitschrift)
Begr.	Begründer
BGB	Bürgerliches Gesetzbuch
BGH	Bundesgerichtshof
BT-Drucks.	Bundestags-Drucksache
bzw.	beziehungsweise
CISG	Convention on Contracts for the International Sale of Goods
DB	Der Betrieb (Zeitschrift)
Del. Ch.	Delaware Court of Chancery
ders.	derselbe
d.h.	das heißt
Diss.	Dissertation
DStR	Deutsches Steuerrecht (Zeitschrift)
Einf. v.	Einführung vor
Einl.	Einleitung
f.	fortfolgend
ff.	fortfolgende
FS	Festschrift
gem.	gemäß

GWB	Gesetz gegen Wettbewerbsbeschränkungen
Habil.-Schr.	Habilitationsschrift
HGB	Handelsgesetzbuch
Hrsg.	Herausgeber
Inc.	Incorporated (bezeichnet als Namenszusatz die Gesellschaftsform einer Corporation)
i.S.d.	im Sinne des
i.S.v.	im Sinne von
JZ	Juristenzeitung (Zeitschrift)
KK	Kölner Kommentar
M&A	Mergers and Acquisitions
MAC	Material Adverse Change
MAE	Material Adverse Effect
MDR	Monatsschrift für Deutsches Recht (Zeitschrift)
MüKo	Münchener Kommentar
m.w.N.	mit weiterem Nachweis/mit weiteren Nachweisen
NJW	Neue Juristische Wochenschrift (Zeitschrift)
Nr.	Nummer
NZG	Neue Zeitschrift für Gesellschaftsrecht (Zeitschrift)
Pk	Praxiskommentar
RIW	Recht der Internationalen Wirtschaft (Zeitschrift)
Rn.	Randnummer
S.	Seite
SchuldR	Schuldrecht
sog.	sogenannt
u.a.	und andere
Überbl. v.	Überblick vor
Univ.	Universität
vgl.	vergleiche
Vor.	Vorbemerkung(en)
Vorb. v.	Vorbemerkung(en) vor
vs.	versus
WM	Wertpapier-Mitteilungen (Zeitschrift)
WpHG	Wertpapierhandelsgesetz
WpÜG	Wertpapiererwerbs- und Übernahmegesetz

z.B.	zum Beispiel
ZBB/JBB	Zeitschrift für Bankrecht und Bankwirtschaft/Journal of Banking Law and Banking (Zeitschrift)
zit.	zitiert
ZR	Revisionen zum BGH in Zivilsachen
zugl.	zugleich

A. Einleitung

MAC-Klauseln finden sich fast in jedem amerikanischen Unternehmenskaufvertrag einschließlich öffentlicher Übernahmeangebote.[1] MAC steht dabei für „Material Adverse Change",[2] was mit „wesentlich nachteiliger Veränderung" übersetzt werden kann.[3]

Die Beliebtheit einer solchen Klausel resultiert aus dem Umstand, dass Risiken, die sich dadurch ergeben können, dass sich ein Unternehmenskauf bzw. ein öffentliches Übernahmeangebot in die Länge ziehen kann und daher eine Zeitspanne existieren kann, in der beim Zielunternehmen eine nachteilige Veränderung eintreten kann, zwischen den Vertragsparteien verteilt werden können.[4] MAC-Klauseln kommen in amerikanischen Unternehmenskaufverträgen als Representations and Warranties, im Zusammenhang mit einer speziellen Zusicherung, dass vor der Unterzeichnung oder Vollzug keine wesentlichen Veränderungen eingetreten sind, oder als Closing Conditions vor.[5]

Vor dem Hintergrund, dass im amerikanischen Rechtssystem das Case Law dominiert, es also keine generellen Gesetze gibt, ist auch die Beliebtheit bzw. Notwendigkeit solcher Klauseln verständlich. Da allerdings in Deutschland nicht das Case Law dominiert, sondern zumindest vom Grundsatz her ein ausgewogenes gesetzliches System, also auch eine gesetzliche Risikoverteilung, vorhanden ist,[6] ist fraglich, welche Bedeutung MAC-Klauseln für den deutschen Unternehmenskaufvertrag haben. Vor diesem Hintergrund soll es Ziel der Arbeit sein, die Bedeutung von MAC-Klauseln für den deutschen Unternehmenskaufvertrag zu erläutern.

Dazu soll in einem ersten Schritt die Ausgangslage, die bei einem Unternehmenskauf anzutreffen ist, näher dargestellt werden. Mit diesem Verständnis

---

1 Ähnlich insbesondere Lange, NZG 2005, 454.
2 Vgl. nur Schlößer, RIW 2006, 889.
3 Siehe zur Übersetzung http://www.dict.cc/englisch-deutsch/material+adverse+ change+MAC.html, zuletzt abgerufen am 24.03.2015.
4 Vgl. zum gleichen Gedanken Schlößer, RIW 2006, 889 (889 f.), allerdings nur auf einen Unternehmenskauf bezogen.
5 Vgl. Lange, NZG 2005, 454 f.
6 So auch insbesondere Henssler, in: FS Huber, 739 (746).

kann sodann in einem zweiten Schritt der Frage nachgegangen werden, ob die beim Unternehmenskauf anzutreffende Ausgangslage durch die gesetzliche Risikoverteilung ausreichend abgedeckt wird. In einem weiteren Schritt soll sich sodann ausführlich mit der vertraglichen Risikoverteilung durch eine MAC-Klausel in einem Unternehmenskaufvertrag beschäftigt werden. Abschließend soll in einem letzten Schritt noch auf die Besonderheiten eingegangen werden, die sich diesbezüglich im Zusammenhang mit öffentlichen Übernahmeangeboten ergeben.

B. Ausgangslage beim Unternehmenskauf

Um zu verstehen, warum die Risikoverteilung überhaupt in einem Unternehmenskaufvertrag eine so bedeutende Rolle spielt, ist es erforderlich sich in einem ersten Schritt näher mit der Ausgangslage, die bei einem Unternehmenskauf anzutreffen ist, zu beschäftigen.

Generell kann ein Unternehmenskauf auf zwei unterschiedliche Arten durchgeführt werden, zum einen durch den Erwerb von zum Unternehmen gehörenden Sachen, Rechten und sonstigen Wirtschaftsgütern (sog. Asset Deal) oder zum anderen durch den Erwerb der gesellschaftsrechtlichen Beteiligung (sog. Share Deal).[7] Welche Vorgehensweise im konkreten Fall gewählt wird, hängt von zahlreichen Aspekten bzw. Kriterien ab, insbesondere von Risikoerwägungen, rechtlichen, steuerlichen und bilanziellen Kriterien.[8]

Für vorliegende Problemstellung spielt allerdings die Unterscheidung zwischen Asset Deal und Share Deal nur eine untergeordnete Rolle.[9] Viel wichtiger für vorliegende Arbeit ist zu verstehen, dass der Abschluss des Unternehmenskaufvertrages und dessen Vollzug als zwei eigene Vorgänge angesehen werden. Wie aufgezeigt werden wird ist diese Trennung beim Unternehmenskauf zwar üblich, nichtsdestotrotz können sich daraus auch Probleme ergeben.

I. Trennung zwischen Signing und Closing

Grundsätzlich wird beim Unternehmenskauf zwischen dem Abschluss des Vertrages durch Unterschrift (sog. Signing) und dem Vollzug durch Unternehmensübergang (sog. Closing) unterschieden.[10] Da im deutschen Recht aufgrund des Trennungs- und Abstraktionsprinzips das Verpflichtungsgeschäft

---

7 Vgl. stellvertretend für viele Picot, in: Picot, Unternehmenskauf, § 1 Rn. 97; Semler, in: Hölters, Unternehmenskauf, Teil 7 Rn. 7.6; Holzapfel/Pöllath, Unternehmenskauf, Rn. 231.
8 Siehe dazu nur Beck/Klar, DB 2007, 2819.
9 Wenngleich Bergjan davon ausgeht, dass in der Praxis MAC-Klauseln wohl insbesondere bei Anteilskaufverträgen vorkommen, vgl. Bergjan, in: Saenger/Aderhold/ Lenkaitis, Handels- und Gesellschaftsrecht, § 11 Rn. 106.
10 Vgl. nur Kann, in: Kann, Unternehmenskauf, Kapitel II S. 36.

von dem Verfügungsgeschäft getrennt betrachtet und behandelt wird,[11] ist diese Trennung vom Ansatz her für das deutschen Recht nichts Erstaunliches. Allerdings beruht die international durchgeführte Trennung zwischen Signing und Closing bei einem Unternehmenskauf nicht auf dem deutschen Trennungs- und Abstraktionsprinzips, sondern vielmehr darauf, dass die Trennung zwischen Abschluss des Vertrages und Vollzug ursprünglich notwendig geworden war, um bei Unternehmenskäufen, die einer Fusionskontrolle unterlagen, nicht gegen das Vollzugsverbot zu verstoßen.[12]

Auch heutzutage ist ein unmittelbarer Vollzug des Unternehmenskaufvertrages am Tag der Unterzeichnung oft rechtlich nicht möglich oder wegen praktischer Umstände nicht gewünscht.[13]

Insbesondere spielt hier immer noch der ursprüngliche Grund für die Trennung zwischen Signing und Closing eine immense Rolle. So kann nämlich unter bestimmten Voraussetzungen der Zusammenschluss der Zustimmung der Kartellbehörde unterliegen.[14] Bis die Kartellbehörde dem Zusammenschluss zustimmt, können allerdings Monate vergehen.[15] Da aber ein Zusammenschluss nicht vollzogen werden kann, bevor er nicht vom Kartellamt freigegeben wurde,[16] kann eine rechtliche Notwendigkeit bestehen, den Zeitraum bis zum Vollzug hinauszuschieben.[17]

Da eine Übertragung des Zielunternehmens auch von weiteren Zustimmungen bzw. Genehmigungen abhängen kann, wie z.B. die Zustimmung des Aufsichtsrates, kann sich auch hieraus die Notwendigkeit ergeben, den Zeitraum bis zum Vollzug hinauszuschieben.[18]

---

11 Siehe zum Trennungs- und Abstraktionsprinzip stellvertretend für viele Wolf/Neuner, BGB AT, § 29 Rn. 23, 66 m.w.N.; Ellenberger, in: Palandt, BGB, Überbl. v. § 104 Rn. 22 m.w.N.; Flume, BGB AT II, § 11 5 S. 141, § 12 III 3 S. 176 f.
12 Ähnlich insbesondere Kann, in: Kann, Unternehmenskauf, Kapitel II S. 36.
13 So auch insbesondere Haberstock, in: FS P+P, 29 (34).
14 Für die deutsche Fusionskontrolle ergibt sich dies aus §§ 35 ff. GWB.
15 Bei der deutschen Fusionskontrolle kann die Dauer des Hauptprüfungsverfahrens gem. § 40 II 2 GWB bis zu vier Monaten dauern.
16 Für die deutsche Fusionskontrolle ergibt sich dies aus § 41 I 1 GWB.
17 Vgl. zum gleichen Gedanken stellvertretend für viele Picot, in: Picot, Unternehmenskauf, § 4 Rn. 582; Knott, in: Knott/Mielke, Unternehmenskauf, Rn. 140 f.; Klumpp, in: Beisel/Klumpp, Unternehmenskauf, Kapitel 9 Rn. 105.
18 Vgl. zum gleichen Gedanken insbesondere Picot, in: Picot, Unternehmenskauf, § 4 Rn. 582; Knott, in: Knott/Mielke, Unternehmenskauf, Rn. 140 f.

Aber auch aus praktischen Gründen kann es vorkommen, dass ein Vollzug des Unternehmenskaufvertrages am Tag der Unterzeichnung nicht gewünscht ist. Wird z.B. ein in eine größere Unternehmenseinheit eingegliedertes Zielunternehmen veräußert, muss dies vor Übergabe erst aus dem Konzernverbund herausgelöst und verselbständigt werden.[19] Dieser Vorgang braucht Zeit, weshalb es auch in diesem Zusammenhang sinnvoll erscheinen kann, den Zeitraum bis zum Vollzug hinauszuschieben.

II. Problem

Aus dieser bei einem Unternehmenskauf vorherrschenden Trennung zwischen Signing und Closing können sich, wie im Folgenden aufgezeigt werden wird, allerdings auch Probleme ergeben.

Dazu soll sich in einem ersten Schritt, quasi als Problemaufriss, näher mit der Interessenlage der Parteien die am Unternehmenskauf beteiligt sind beschäftigt werden. In einem zweiten Schritt werden dann konkrete Probleme aufgezeigt, die sich aufgrund der Trennung zwischen Signing und Closing ergeben können. In einem letzten Schritt soll sodann aufgezeigt werden, wie sich diese Umstände vom Ausgangspunkt her auf den Unternehmenskaufvertrag auswirken.

1. Interessenlage der Parteien

Zwar streben sowohl Käufer, als auch Verkäufer Transaktionssicherheit an, d.h. beide Parteien wollen Gewissheit über das Zustandekommen des Unternehmenskaufes, die Konditionen, sowie den Vollzug, allerdings widerspricht sich die Interessenlage der beteiligten Parteien in der konkreten Umsetzung.[20]

So ist es Ziel eines Unternehmensverkäufers sein unternehmerisches Engagement durch den Unternehmenskauf endgültig zu beenden, weshalb er auch am liebsten mit Abschluss des Unternehmenskaufvertrages, also mit Signing, keine Verpflichtungen und Risiken aus seiner früheren Unternehmertätigkeit mehr haben will.[21]

---

19 Vgl. zum gleichen Gedanken Haberstock, in: FS P+P, 29 (34).
20 Ähnlich Haberstock, in: FS P+P, 29 ff.
21 Vgl. zum gleichen Gedanken insbesondere Haberstock, in: FS P+P, 29 (30).

Demgegenüber kommt es dem Unternehmenskäufer darauf an, dass er zum Zeitpunkt der Unternehmensübergabe, also mit Closing, das Zielunternehmen in einem Zustand erwirbt, der sich mit dem deckt, den er sich zum Zeitpunkt des Signings, auch aufgrund einer eventuell durchgeführten Due Diligence-Prüfung, gebildet hat.[22] Da der Käufer zwischen Signing und Closing in der Regel keinen Einfluss auf das Zielunternehmen hat, wird es bei ihm grundsätzlich an der Bereitschaft fehlen, das allgemeine Geschäftsrisiko, bzw. das Risiko für Verschlechterungen beim Zielunternehmen zu tragen.[23]

Insofern kann festgehalten werden, dass mit Blick auf die Interessenlage vom Ausgangspunkt her keiner der Parteien das Risiko zwischen Signing und Closing tragen will. Entsteht nun ein längerer Zeitraum zwischen Signing und Closing, was aus oben genannten Gründen bei einem Unternehmenskauf nicht selten der Fall sein wird, wird diese Interessenlage der Parteien, wie im Folgenden aufgezeigt werden wird, zum Problem.

2. Zeitraum zwischen Signing und Closing

Beachtet werden muss, dass das Zielunternehmen ungeachtet von dem Zeitraum zwischen Signing und Closing typischerweise weiter am Wirtschaftsverkehr teilnimmt, weswegen auch bis zum Closing wesentlich nachteilige Veränderungen am Zielunternehmen eintreten können.[24] Daraus lässt sich auch ableiten, dass die Gefahr bzw. das Risiko von wesentlich nachteiligen Veränderungen umso größer ist, je länger der Zeitraum zwischen Signing und Closing ist. Solche wesentlich nachteiligen Veränderungen beim Zielunternehmen zwischen Signing und Closing können sich aber nachteilig auf den Unternehmenskäufer auswirken, wenn diese nicht in den mit der Einigung zustande gekommenen Interessenausgleich der Parteien des Unternehmenskaufvertrages miteingeflossen sind.

Zu denken ist nur an die aktuelle Ukrainekrise, wegen der Russland Importbeschränkungen wegen politischer Aspekte auf Fleisch, Milchprodukte,

---

22 So wohl auch Haberstock, in: FS P+P, 29 (31).
23 So auch Kindt/Stanek, BB 2010, 1490.
24 Im Ergebnis so auch insbesondere Borris, BB 2008, 294.

Obst und Gemüse verhängt hat.[25] Liefert das Zielunternehmen hauptsächlich solche Produkte nach Russland liegt durch diese Importbeschränkung eine wesentlich nachteilige Veränderung für das Zielunternehmen vor. Treten diese Importbeschränkungen erst zwischen Signing und Closing ein, können sich diese nachteilig auf den Unternehmenskäufer auswirken.

Genauso wesentlich nachteilige Veränderungen für das Zielunternehmen können auch volkswirtschaftliche Aspekte haben. Als aktuelles Beispiel dient hier die Abschaffung des Euro-Mindestkurses durch die Schweizer Notenbank.[26] Ist das Zielunternehmen z.B. hauptsächlich auf Exportteile eines Schweizer Unternehmens angewiesen, werden diese aufgrund der Abschaffung des Euro-Mindestkurses durch die Schweizer Notenbank für das deutsche Zielunternehmen deutlich teurer. Wenn diese Maßnahme der Schweizer Notenbank nach Signing aber vor Closing eintritt, kann sich auch dies nachteilig für den Unternehmenskäufer auswirken.

Aber auch Umstände, die ihren Ursprung im Zielunternehmen selbst haben, wie unüberbrückbare Differenzen zwischen dem Zielunternehmen und dem Hauptlieferanten oder -abnehmer, können eine wesentlich nachteilige Veränderung für das Zielunternehmen herbeiführen.

Während eines längeren Zeitraumes zwischen Signing und Closing können sich aber auch für den Unternehmensverkäufer wesentlich nachteiligen Veränderung ergeben, sei es, dass er aus dem Unternehmensverkauf keinen angemessenen Kaufpreis mehr erhält, weil zwischen Signing und Closing eine Inflation eingetreten ist, oder weil er den Kaufpreis infolge einer Wirtschaftskrise nicht mehr adäquat reinvestieren oder anlegen kann.[27] Allerdings dürfte es sich dabei um seltenere Fälle handeln, weshalb insbesondere für den Unternehmenskäufer der Zeitraum zwischen Signing und Closing ein Risiko in Bezug auf wesentlich nachteilige Veränderung birgt.

---

25 Siehe dazu http://www.zeit.de/wirtschaft/2014-08/russland-importstopp-eu-usa-liste-produkte-medwedew, zuletzt abgerufen am 24.03.2015.
26 Siehe dazu http://www.handelsblatt.com/politik/konjunktur/nachrichten/frankenaufwertung-schweiz-schlittert-in-die-rezession/11292508.html, zuletzt abgerufen am 25.03.2015.
27 Vgl. zum gleichen Gedanken Wilhelmi, in: Tröger/Karampatzos, Verträge in Krisenzeiten, 205.

3. Auswirkungen auf den Unternehmenskaufvertrag

Trotz des Umstandes einer wesentlich nachteiligen Veränderung zwischen Signing und Closing und der damit im Vergleich zum Signing veränderten Situation, gilt der Grundsatz der Vertragstreue, „pacta sunt servanda". Dieser hat zur Folge, dass sich eine Vertragspartei nicht durch eine einseitige Erklärung von der Bindung des geschlossenen Vertrages lösen kann.[28] Obwohl dieser Grundsatz nicht Bestandteil der geschriebenen Rechtsordnung ist, wird er vom BGB als selbstverständlich vorausgesetzt[29] und lässt sich aus §§ 145 ff. BGB,[30] bzw. aus §§ 311 I, 241 I BGB[31] mittelbar entnehmen.

Insofern ist auch die vom BGH getroffene Aussage, dass grundsätzlich Verträge aufrechtzuerhalten sind, auch wenn dadurch eine nachträgliche Veränderung der Verhältnisse bei einer Partei eintreten, durch die diese Partei ungünstiger gestellt wird, als durch die ursprünglichen Vereinbarung zu erwarten war, verständlich.[32]

Übertragen auf vorliegende Situation bedeutet dies, dass sowohl der Unternehmensverkäufer, als auch der Unternehmenskäufer trotz der nach Signing und vor Closing eintretenden wesentlich nachteiligen Veränderungen vom Grundsatz her an den ursprünglich geschlossenen Unternehmenskaufvertrag gebunden bleiben.

III. Zusammenfassung

Beim Unternehmenskauf muss zwischen Signing und Closing getrennt werden. Je länger der Zeitraum zwischen Signing und Closing ist, umso größer werden die Probleme. Ausgangspunkt für dieses Problem ist die Interessenlage der Parteien. Sowohl Verkäufer, als auch Käufer wollen nicht das Risiko zwischen Signing und Closing tragen. Da das Unternehmen während dieses Zeitraums grundsätzlich aber weiter am Wirtschaftsverkehr teilnimmt, ist es

---

28 Vgl. nur Ellenberger, in: Palandt, BGB, Einf. v. § 145 Rn. 4a.
29 Ähnlich Heinrich, Formale Freiheit und materielle Gerechtigkeit, S. 50.
30 Vgl. BAG, Urteil vom 30.09.1993 – 7 AZR 268/93, NJW 1994, 1021 (1023).
31 Vgl. Löwisch, AcP 165 (1965), 421 (422 f.). §§ 311 I, 241 I BGB entspricht §§ 305, 241 BGB a.F.
32 Vgl. BGH, Urteil vom 11.07.1958 – VIII ZR 96/57, NJW 1958, 1772 (1733).

Veränderungen, also einem Risiko, ausgesetzt. Solche Veränderungen können sich negativ auf den Unternehmenskauf auswirken. Trotz solcher unter Umständen eintretenden wesentlich nachteiligen Veränderungen unterliegen die Parteien des Unternehmenskaufes aber dem Grundsatz der Vertragstreue, weshalb der Unternehmenskaufvertrag, so wie er ursprünglich geschlossen wurde, weiterhin besteht.

C. Gesetzliche Risikoverteilung

Nachdem dargelegt wurde, dass sich aufgrund der Trennung von Signing und Closing ein Unternehmenskauf in die Länge ziehen kann und daher die Gefahr bzw. das Risiko besteht, dass während dieses Zeitraumes eine wesentlich nachteilige Veränderung eintreten kann, die Parteien aber im Grundsatz trotzdem an den Unternehmenskaufvertrag gebunden bleiben, soll im Folgenden geklärt werden, ob für einen solchen Fall das Gesetz eine adäquate Regelung vorsieht. Denn bevor auf MAC-Klauseln, die durch Vertragsgestaltung in den Unternehmenskaufvertrag aufgenommen werden können, eingegangen werden kann, muss sich zuerst mit dem dispositiven Gesetzesrecht beschäftigt werden.[33]

I. Gesetzliche Regelung

Der Grundsatz „pacta sunt servanda" hat zur Folge, dass eine Partei den Vertrag nicht einseitig anpassen oder sich gar von ihm lösen kann. Eine Anpassung oder Lösung vom Vertrag ist nur dort möglich, wo der Gesetzgeber dies ausdrücklich zulässt.

1. Besonderer Teil des Schuldrechts

Für ein Anpassungs- bzw. Lösungsrecht bei einer Veränderung zwischen Signing und Closing könnten die gesetzlich geregelten Mängelvorschriften gem. §§ 433 ff. BGB in Betracht kommen.

Zwar definiert und erwähnt das BGB auch nach der Schuldrechtsreform nicht den Begriff des Unternehmenskaufes. Allerdings ist der Regierungsbegründung zur Schuldrechtsreform zu entnehmen, dass die Vorschriften über den Sachkauf auch auf den Unternehmenskauf als Kauf eines sonstigen Gegenstandes über § 453 I Alt. 2 BGB Anwendung finden können.[34]

---

33 Denn es muss beachtet werden, dass, wenn „das dispositive Gesetzesrecht Regeln für die Risikoverteilung [...] enthält, [...] eine vertragliche Regelung häufig nicht erforderlich" ist, Junker/Kamanabrou, Vertragsgestaltung, § 1 Rn. 9 m.w.N.
34 Vgl. BT-Drucks. 14/6040, 242.

Da § 453 I BGB von einer entsprechenden Anwendung der kaufrechtlichen Vorschriften spricht, könnte, unabhängig von der umstrittenen Frage, welches Rechtsgeschäft tatsächlich im konkreten Fall einschlägig ist,[35] das Problem somit über die Sachmängelvorschriften des Kaufrechts gem. §§ 433 ff. BGB gelöst werden.

Bei Vorliegen eines Mangels gem. §§ 434 f. BGB könnte dann der Unternehmenskäufer die Rechte aus § 437 BGB ausüben. Eine Anpassung des Vertrages in Form der Minderung des Kaufpreises bzw. eine Lösung vom Vertrag würde insbesondere gem. § 437 Nr. 2 BGB möglich erscheinen.[36] Da allerdings die erwähnte Mängelhaftung gem. § 446 BGB erst nach Gefahrübergang, also erst nach Closing greift, wird eine wesentlich nachteilige Veränderung, die zwischen Signing und Closing eintritt, nicht von dieser Vorschrift erfasst.[37]

2. Allgemeiner Teil des Schuldrechts

Als gesetzlicher Anknüpfungspunkt für ein Anpassungs- bzw. Lösungsrecht bei einer Veränderung zwischen Signing und Closing bleibt daher „nur" das allgemeine Schuldrecht. Daher verwundert es auch nicht, dass im deutschen Recht der Grundsatz „pacta sunt servanda" insbesondere durch das Rechtsinstitut der Unmöglichkeit gem. § 275 BGB und der Störung der Geschäftsgrundlage gem. § 313 BGB begrenzt wird.[38]

a. Unmöglichkeit gem. § 275 BGB

Gem. § 275 II 1 BGB kann der Schuldner die Leistung verweigern, soweit diese einen Aufwand erfordert, der unter Beachtung des Inhalts des

---

35 Siehe dazu nur Beckmann, in: Staudinger, BGB, Buch 2, § 453 Rn. 94 m.w.N.
36 Zwar wäre gem. § 437 Nr. 1 BGB eine Nacherfüllung, die in Form der Nachlieferung oder -besserung erfolgen kann, vorrangig, vgl. nur BGH, Urteil vom 23.02.2005 – VIII ZR 100/04, NJW 2005, 1348 (1350). Allerdings dürfte bei einer wesentlich nachteiligen Veränderung der Umstände des Unternehmenskaufes eine Nacherfüllung so gut wie unmöglich sein, weshalb direkt auf § 437 Nr. 2 BGB abgestellt werden kann.
37 Im Ergebnis so auch insbesondere Henssler, in: FS Huber, 739 (746).
38 Im Ergebnis so auch insbesondere Weller, in: Schmoeckel/Kanzleiter, Vertragsschluss, -treue, -kontrolle, 35 (38).

Schuldverhältnisses und der Gebote von Treu und Glauben in einem groben Missverhältnis zu dem Leistungsinteresse des Gläubigers steht. In diesem Zusammenhang wäre an eine Unmöglichkeit in dem Sinne zu denken, dass „die Leistung zwar an sich möglich ist, ihr aber solche Schwierigkeiten entgegenstehen, dass sie dem Schuldner wegen Überschreitung der „Opfergrenze" nicht zugemutet werden kann" (sog. wirtschaftliche Unmöglichkeit).[39] Denn der Schuldner kann zwar trotz der wesentlichen Veränderung der Umstände zwischen Signing und Closing seine Leistung weiterhin erbringen. Allerdings könnte er sich auf den Standpunkt stellen, dass ihm die Fortführung des Vertrages gerade wegen der wesentlich nachteiligen Veränderung nicht zumutbar ist, weil sonst seine „Opfergrenze" überschritten wird, er also bei Aufrechterhaltung des Unternehmenskaufvertrages nach Treu und Glauben unangemessen benachteiligt werden würde.

Fraglich ist allerdings, ob in Fällen der wirtschaftlichen Unmöglichkeit überhaupt § 275 II BGB zur Anwendung kommen soll, oder ob solche Fälle über das Rechtsinstitut der Störung der Geschäftsgrundlage gem. § 313 BGB gelöst werden sollen. Dieser Streit ist nicht nur theoretischer Natur, sondern hat auch praktische Bedeutung, da die Rechtsfolgen beider Rechtsinstitute erheblich voneinander abweichen.[40] Rechtsfolge des § 275 II BGB ist, dass ein Leistungsverweigerungsrecht des Schuldners besteht, was dazu führen kann, dass die Leistungspflicht entfällt, wenn der Schuldner die ihm zustehende Einrede erhebt,[41] wohingegen das Rechtsinstitut der Störung der Geschäftsgrundlage gem. § 313 BGB als Rechtsfolge primär eine Vertragsanpassung vorsieht, so dass das eigentliche Schuldverhältnis bestehen bleibt.[42]

Rechtsprechung und Lehre gehen davon aus, dass solche Fälle nicht über das Unmöglichkeitsrecht, sondern über die Störung der Geschäftsgrundlage

---

39 Grüneberg, in: Palandt, BGB, § 275 Rn. 21.
40 Vgl. zum gleichen Gedanken insbesondere Kuntz, WM 2009, 1257.
41 Vgl. stellvertretend für viele Grüneberg, in: Palandt, BGB, § 275 Rn. 32; Unberath, in: Bamberger/Roth, BGB, Band 1, § 275 Rn. 61; Ernst, in: MüKo, BGB, Band 2, § 275 Rn. 96.
42 Vgl. stellvertretend für viele Grüneberg, in: Palandt, BGB, § 313 Rn. 40; Unberath, in: Bamberger/Roth, BGB, Band 1, § 313 Rn. 84; Hohloch, in: Erman, BGB, Band 1, § 313 Rn. 40; a.A. Finkenauer, in: MüKo, BGB, Band 2, § 313 Rn. 105.

gelöst werden sollen, weil dies die sach- und interessengerechtere Lösung darstelle.[43]

Dieser Ansicht ist zu folgen. Alleine schon aufgrund des Wortlautes der Vorschrift ergibt sich, dass im vorliegenden Zusammenhang § 275 II 1 BGB nicht anwendbar ist.[44] Denn § 275 II 1 BGB spricht von einem groben Missverhältnis zu dem Leistungsinteresse des Gläubigers und nicht zu dem Interesse des Schuldners. Aber auch der Sinn und Zweck des § 275 II 1 BGB führt zu diesem Ergebnis.[45] § 275 II 1 BGB richtet sich vollkommen am Gläubiger aus.[46] Hält man § 275 II 1 BGB für einschlägig, so würde man nur auf den Schuldner abstellen und sich somit dem Sinn und Zweck der Vorschrift widersetzen. Insofern kann bei einer wesentlichen Verschlechterung zwischen Signing und Closing kein Fall einer wirtschaftlichen Unmöglichkeit gem. § 275 II 1 BGB angenommen werden.

b. Störung der Geschäftsgrundlage gem. § 313 BGB

In § 313 I BGB ist nun ausdrücklich geregelt, dass bei einer nach Vertragsschluss eintretenden schwerwiegenden Veränderung von Umständen, die zur Grundlage des Vertrages geworden sind, eine Anpassung des Vertrages möglich ist, wenn die Veränderung unter Berücksichtigung aller Umstände des Einzelfalls ein Festhalten am unveränderten Vertrag unzumutbar machen würde.[47] Insofern kann auf den ersten Blick durchaus eine wesentlich nachteilige Veränderung zwischen Signing und Closing zu einem Anpassungsrecht

---

43 Vgl. stellvertretend für viele BGH, Urteil vom 16.01.1953 – I ZR 42/52, MDR 1953, 282 (283), da das Urteil vor der Schuldrechtsreform lag, spricht dieses allerdings nicht von einer Störung der Geschäftsgrundlage gem. § 313 BGB, sondern von einem Wegfall der Geschäftsgrundlage gem. § 242 BGB; Canaris, JZ 2001, 499 (501); Grüneberg, in: Palandt, BGB, § 275 Rn. 21 m.w.N.
44 So wohl auch Kuntz, WM 2009, 1257 (1258).
45 So wohl auch Kuntz, WM 2009, 1257 (1258 m.w.N.).
46 Vgl. nur Canaris, JZ 2001, 499 (501); a.A. wohl Emmerich, Leistungsstörungen, § 3 Rn. 52, „[m]it dieser Regelung [§ 275 II BGB] wollten sich die Gesetzesverfasser […] der engeren Auffassung anschließen, die in den Unvermögensfällen die […] Leistungsfähigkeit des Schuldners in den Vordergrund rückt".
47 Da der Gesetzgeber mit der Einführung des § 313 BGB keine Änderung der bisher entwickelten Grundsätze zum Wegfall der Geschäftsgrundlage herbeiführen wollte, kann in diesem Zusammenhang auch an die Grundsätze zum Wegfall der Geschäftsgrundlage angeknüpft werden, vgl. nur BT-Drucks. 14/6040, 176.

des Unternehmenskaufvertrages führen. Denn die wesentliche Veränderung tritt in vorliegender Konstellation nach Signing, also nach Abschluss des Unternehmenskaufvertrages, ein. § 313 BGB kann allerdings nur dann eingreifen, wenn bestimmte Voraussetzungen vorliegen.
Erstes Tatbestandsmerkmal ist die Vertrags- bzw. Geschäftsgrundlage. Nach der Rechtsprechung gehören zu dieser „die nicht zum Vertragsinhalt erhobenen, aber bei Vertragsschluss bestehenden gemeinsamen Vorstellungen der Vertragsparteien oder die dem Geschäftspartner erkennbaren oder von ihm nicht beanstandeten Vorstellungen einer Vertragspartei vom Fortbestand oder dem künftigen Eintritt bestimmter Umstände, sofern der Geschäftswille der Parteien auf dieser Vorstellung aufbaut".[48]

Des Weiteren ist Tatbestandsvoraussetzung des § 313 BGB, dass eine schwerwiegende bzw. wesentliche Änderung bzw. Störung vorliegt.[49] Eine Störung ist grundsätzlich nur dann wesentlich, „wenn nicht ernstlich zweifelhaft ist, dass eine der Parteien oder beide den Vertrag bei Kenntnis der Änderung nicht oder nur mit anderen Inhalt abgeschlossen hätten".[50]

Zuletzt muss im Rahmen der Störung der Geschäftsgrundlage noch das Tatbestandsmerkmal der Unzumutbarkeit vorliegen. Dabei kommt es auf die Frage an, ob „ein Festhalten an der vereinbarten Regelung zu einem untragbaren, mit Recht und Gerechtigkeit schlechthin unvereinbaren Ergebnis führen würde und der betroffenen Partei daher nicht zuzumuten ist".[51] Dafür ist eine umfassende Interessenabwägung unter Würdigung aller Umstände notwendig.[52]

Auch kann gem. § 313 III BGB vom Vertrag zurückgetreten werden, wenn eine Anpassung des Vertrages nicht möglich ist, oder einem Teil nicht zugemutet werden kann. Insofern kann theoretisch auch eine wesentlich

---

Siehe zur Entstehungsgeschichte des § 313 BGB nur Finkenauer, in: MüKo, BGB, Band 2, § 313 Rn. 20 ff.
48 BGH, Urteil vom 15.11.2000 – VIII ZR 324/99, NJW 2001, 1204 (1205 m.w.N.).
49 Vgl. nur Grüneberg, in: Palandt, BGB, § 313 Rn. 18, der in diesem Zusammenhang darauf hinweist, dass die Begriffe schwerwiegend (§ 313 I BGB) und wesentlich (313 II BGB) Synonyme sind.
50 Grüneberg, in: Palandt, BGB, § 313 Rn. 18.
51 BGH, Urteil vom 11.10.1994 – XI ZR 189/93, NJW 1995, 47 (48 m.w.N.).
52 Vgl. nur BGH, Urteil vom 11.10.1994 – XI ZR 189/93, NJW 1995, 47 (48).

nachteilige Veränderung zwischen Signing und Closing zu einem Rücktrittsrecht vom Unternehmenskaufvertrag führen.

II. Stellungnahme

Von Vorneherein bleibt bei einer wesentlich nachteiligen Veränderung zwischen Signing und Closing aus gesetzlicher Sicht nur das Rechtsinstitut der Störung der Geschäftsgrundlage gem. § 313 BGB.[53] Fraglich ist allerdings, ob mit diesem Rechtsinstitut den Parteien im Hinblick auf eine wesentlich nachteilige Veränderung zwischen Signing und Closing geholfen ist. Daher soll sich im Folgenden mit den Stärken und Schwächen dieser Regelung im Hinblick auf eine wesentlich nachteilige Veränderung zwischen Signing und Closing beschäftigt werden.

1. Stärken

Sollten die Vertragsparteien im Unternehmenskaufvertrag nicht ausdrücklich geregelt haben, was bei einer wesentlichen Veränderung zwischen Signing und Closing passieren soll, so kann der Umstand, dass sich das Unternehmen zum Zeitpunkt des Closings in nahezu gleichem Zustand befinden soll wie zum Zeitpunkt des Signings zur Geschäftsgrundlage gehören. Denn grundsätzlich werden die Parteien bei Abschluss des Unternehmenskaufvertrages davon ausgehen, dass das Unternehmen sich auch zum Zeitpunkt der Übergabe noch in dem Zustand befindet, der sich aus den zur Verfügung gestellten Unterlagen ergibt, also zum Zeitpunkt der Übergabe nicht wesentlich anders dasteht.

Auch das Tatbestandsmerkmal einer schwerwiegenden Veränderung kann bei einer wesentlich nachteiligen Veränderung zwischen Signing und Closing bejaht werden. Denn für das Tatbestandsmerkmal der schwerwiegenden Veränderung wird auf Fallkonstellationen zurückgegriffen, zu denen unter anderem die Äquivalenzstörungen und die Leistungserschwernisse gehören.[54] Die Fallgruppe der Äquivalenzstörung liegt dann vor, wenn unvorhergesehen Umstände, z.B. eine Geldentwertung, zu einer Störung des Gleichgewichts

---

53 Ähnlich insbesondere Henssler, in: FS Huber, 739 (746).
54 Vgl. nur Pfeiffer, in: Juris Pk, BGB, Band 2.1, § 313 Rn. 49 ff.

führen.[55] Die Fallgruppe der Leistungserschwernisse liegt dann vor, wenn nach Vertragsschluss Umstände eintreten, z.b. Beschaffungshindernisse, zu denen auch stark erhöhte Preise gehören,[56] die die Erfüllung einer Verbindlichkeit für eine Vertragspartei erschweren.[57] Wie bereits oben gesehen können gerade solche Störungen zu einer wesentlich nachteiligen Veränderung zwischen Signing und Closing führen.

Durch solch wesentlich nachteilige Veränderungen zwischen Signing und Closing ist es auch nicht auszuschließen, dass diese erhebliche Auswirkungen auf den Unternehmenskauf haben können, weshalb ein Festhalten an dem vereinbarten Unternehmenskaufvertrag auch zu einem untragbaren, mit Recht und Gerechtigkeit schlechthin unvereinbaren Ergebnis führen kann.

Insofern kann durchaus eine wesentlich nachteilige Veränderung zwischen Signing und Closing zu einer Störung der Geschäftsgrundlage gem. § 313 BGB führen und somit der betroffenen Partei ein Anpassungs- bzw. Lösungsrecht von dem ursprünglich geschlossenen Unternehmenskaufvertrag eröffnen.[58]

2. Schwächen

Generell und somit auch im vorliegenden Zusammenhang bereiten im Rahmen der Störung der Geschäftsgrundlage aber insbesondere die wertungsoffenen Tatbestandsmerkmale Probleme bei der Anwendung.[59] Da es sich bei den Voraussetzungen des § 313 BGB eigentlich nur um wertungsoffene Tatbestandsmerkmale handelt, sind die Probleme bzw. Unsicherheiten bei der Anwendung dementsprechend groß.

Dies fängt schon bei der Geschäftsgrundlage an, da nicht selten die dafür nötige Ermittlung der Umstände und Vorstellungen der Parteien spekulativ ist.[60] Wer vermag schon sicher zu beurteilen, was sich die Parteien bei einem

---

55 Vgl. insbesondere BT-Drucks. 14/6040, 174.
56 Vgl. Feißel/Gorn, BB 2009, 1138 (1140).
57 Vgl. insbesondere BT-Drucks. 14/6040, 174.
58 Im Ergebnis so auch insbesondere Triebel/Hölzle, BB 2002, 521 (534), allerdings nur in Bezug auf ein Anpassungsrecht.
59 Im Ergebnis so auch insbesondere Henssler, in: FS Huber, 739 (749 f.).
60 Vgl. zum gleichen Gedanken insbesondere Henssler, in: FS Huber, 739 (749).

Unternehmenskauf tatsächlich vorgestellt haben bzw. welche Umstände sie zugrunde gelegt haben? Jeder Unternehmenskauf ist anders. Daher kann auch nicht von einem Unternehmenskauf, bei dem die Umstände und Vorstellungen der Parteien eindeutig waren, darauf geschlossen werden, dass diese bei dem aktuellen Unternehmenskauf die gleichen sind.

Selbst wenn die Ermittlung der Geschäftsgrundlage kein Problem darstellen sollte, weil sie eindeutig bestimmt werden kann, führt dies nur zu einem weiteren wertungsoffenem Tatbestandsmerkmal, nämlich der schwerwiegenden Veränderung. Zwar wird hierbei versucht sich mit oben dargestellter Definition zu helfen, allerdings trägt diese Definition nicht wirklich zu einer Klärung bei. Wann kann schon sicher gesagt werden, dass es nicht ernstlich zweifelhaft ist, dass eine Partei bei Kenntnis der Veränderung den Unternehmenskaufvertrag nicht oder nur mit einem anderen Inhalt abgeschlossen hätte? Dies ist rein spekulativ. Zwar wird versucht, sich mit Fallgruppen dem Problem zu nähern. Allerdings tragen diese Fallgruppen nicht zu einer Präzisierung in dem Sinne bei, dass sofort jedem klar ist, dass der Fall eindeutig unter diese Gruppe zu subsumieren wäre. Wann ist z.B. ein Umstand unvorhersehbar? Hier hat jeder Anwender eine andere Vorstellung. Dies führt dazu, dass keine klare Aussage getroffen werden kann, ob in einem konkreten Fall eine solch schwerwiegende Veränderung angenommen werden wird.

Auch bei dem Tatbestandmerkmal der Unzumutbarkeit kann mangels klarer Definition nicht eindeutig vorhergesagt werden, wann dieses vorliegt. Hierbei steht man vor den gleichen Problemen wie bei der schwerwiegenden Veränderung. Eine weitere „Unzumutbarkeitsschwelle" und damit nochmals dieselben Probleme kommen auch im Rahmen der Rechtsfolge gem. § 313 III BGB zum Vorschein.[61]

Generell muss beachtet werden, dass grundsätzlich eine Bindung an einen Vertrag zumutbar ist.[62] Insofern wird bei der Subsumtion unter diese wertungsoffenen Tatbestandsmerkmale, insbesondere bei der Subsumtion unter das Tatbestandsmerkmal der Zumutbarkeit, der Grundsatz „pacta sunt

---

61 Vgl. zum gleichen Gedanken Henssler, in: FS Huber, 739 (750); Picot/Duggal, DB 2003, 2635 (2638); Picot, in: Picot, Unternehmenskauf, § 4 Rn. 454.
62 Vgl. nur Pfeiffer, in: Juris Pk, BGB, Band 2.1, § 313 Rn. 57.

servanda" dominieren, was dazu führen wird, dass nur in außergewöhnlichen Ausnahmekonstellationen eine Anpassung des Vertrages von den Vertragsparteien verlangt werden wird.[63] Ebenfalls muss beachtet werden, dass auch die Gerichte § 313 BGB in diesem Zusammenhang sehr zurückhaltend anwenden.[64]

Festgehalten werden kann daher, dass das deutsche Recht zwar durchaus bei einer wesentlich nachteiligen Veränderung zwischen Signing und Closing eine gesetzliche Risikoverteilung anbietet. Allerdings führt diese aufgrund der unbestimmten Regelungen zu erheblichen Problemen, insbesondere zu Unsicherheiten, bei der Anwendung und wird auch nur in außergewöhnlichen Ausnahmekonstellationen angenommen werden. Daher bildet die gesetzliche Risikoverteilung in Form des § 313 BGB für wesentlich nachteilige Veränderungen zwischen Signing und Closing keine sichere Grundlage für die Parteien des Unternehmenskaufvertrages, weshalb den Parteien des Unternehmenskaufvertrages auch nicht empfohlen werden kann, sich auf die gesetzliche Regelung des Rechtsinstituts der Störung der Geschäftsgrundlage gem. § 313 BGB zu verlassen.[65]

---

63 Vgl. zum gleichen Gedanken stellvertretend für viele Picot/Duggal, DB 2003, 2635 (2638); Picot, in: Picot, Unternehmenskauf, § 4 Rn. 455; Unberath, in: Bamberger/Roth, BGB, Band 1, § 313 Rn. 3.
64 Siehe dazu insbesondere OLG Naumburg, Urteil vom 24.04.2012 – 12 U 184/11.
65 So auch insbesondere Henssler, in: FS Huber, 739 (750).

D. Vertragliche Risikoverteilung durch MAC-Klauseln

Da die gesetzliche Risikoverteilung keine zufriedenstellende Lösung der vorliegenden Problematik bietet, sollen nunmehr die Möglichkeiten einer vertraglichen Risikoverteilung durch die Aufnahme von MAC-Klauseln in den Unternehmenskaufvertrag erörtert werden. Dabei geht es insbesondere um die Frage, ob mit der Aufnahme einer MAC-Klausel in den Unternehmenskaufvertrag ein effektiver Schutz vor wesentlich nachteiligen Veränderungen zwischen Signing und Closing erreicht werden kann.

I. Einführung

MAC-Klauseln haben ihre Wurzeln in der Finanzierungsdokumentation.[66] Insbesondere in Kreditverträgen für die Finanzierung eines bestimmten Unternehmenskaufes tauchen diese Klauseln regelmäßig auf, da die finanzierende Bank bei einer wesentlich nachteiligen Veränderung der Rahmenbedingungen der Transaktion, sich die Möglichkeit vorbehalten will, mit einer bestimmten Rechtsfolge auf diese neue Situation reagieren zu können.[67] Aus Sicht der finanzierenden Bank soll also mit der Aufnahme einer MAC-Klausel eine zu ihren Gunsten eintretende Risikoverteilung erreicht werden.

Auch im Rahmen eines Unternehmenskaufes hat eine MAC-Klausel vor allem den Zweck, die Risikoverteilung zwischen den Parteien des Unternehmenskaufvertrages zu regeln, dies typischerweise für den Zeitraum zwischen Signing und Closing.[68] Da wie gesehen insbesondere für den Unternehmenskäufer der Zeitraum zwischen Signing und Closing ein Risiko in Bezug auf wesentlich nachteilige Veränderung birgt, sind typischerweise MAC-Klauseln meistens auch nur auf den Käufer des Unternehmens zugeschnitten,[69] weshalb sich im Folgenden auch ausschließlich darauf konzentriert werden soll.

---

66 Vgl. Lappe/Schmitt, DB 2007, 153 (154).
67 Ähnlich Knott/Becker, in: Knott/Mielke, Unternehmenskauf, Rn. 424.
68 Vgl. nur Thiessen, in: MüKo, HGB, Band 1, § 25 Anh. Rn. 37.
69 Typischerweise berechtigt nämlich eine wesentlich nachteilige Veränderung nur den Käufer des Unternehmens zu der vereinbarten Rechtsfolge, vgl. insbesondere

Aus Sicht des Unternehmenskäufers ist es Ziel, durch die Aufnahme einer MAC-Klausel in den Unternehmenskaufvertrag, das Risiko einer wesentlich nachteiligen Veränderung für den Zeitraum zwischen Signung und Closing auf den Unternehmensverkäufer zu verlagern und somit sein Risiko für diesen Zeitraum zu verkleinern.[70] Dies soll dadurch erreicht werden, dass der Unternehmenskäufer, je nach vereinbarter Rechtsfolge, durch eine MAC-Klausel entsprechend auf eine wesentlich nachteilige Veränderung reagieren kann, vorausgesetzt, diese ist vom Tatbestand der MAC-Klausel erfasst.[71]

Da eine solche Klausel also insbesondere einen Schutz für den Käufer des Unternehmens darstellt[72] und zu Lasten des Unternehmensverkäufers geht, stellt sich die Frage, wieso überhaupt eine solche Klausel in einem Unternehmenskaufvertrag aufgenommen wird.

Dies kann mehrere Gründe haben, zum einen kann der Verkäufer des Unternehmens unter einem Verkaufszwang stehen, weshalb er nahezu alles akzeptieren wird bzw. muss, zum anderen kann er sich eine solche Regelung durch an anderen Stellen des Unternehmenskaufvertrages für ihn vorteilhaftere Regelungen „auszahlen" lassen, oder er kann sich eine solche Regelung auch schlicht weg durch einen höheren Kaufpreis bezahlen lassen.[73]

Vor diesem Hintergrund ist es nicht erstaunlich, dass sich MAC-Klauseln immer mehr in deutschen Unternehmenskaufverträgen finden lassen.[74] Ob damit aber auch tatsächlich das vom Käufer des Unternehmens erfolgte Ziel erreicht werden kann und es sich somit aus Sicht des Käufers lohnt, die Klausel unter eventuellen Zugeständnissen in den Unternehmenskaufvertrag aufzunehmen, soll im Folgenden geklärt werden. Dazu ist es notwendig, sich näher mit der Ausgestaltung solcher Klauseln zu beschäftigen.

Holzapfel/Pöllath, Unternehmenskauf, Rn. 63 im Zusammenhang mit einem Rücktritt.
70 Vgl. zum gleichen Gedanken insbesondere Badura, MAC-Klauseln, S. 6.
71 Vgl. zum gleichen Gedanken insbesondere Badura, MAC-Klauseln, S. 6.
72 So auch Badura, MAC-Klauseln, S. 7.
73 Vgl. zum gleichen Gedanken insbesondere Henssler, in: FS Huber, 739 (740 f.).
74 Von einer zunehmenden Anwendung von MAC-Klauseln in deutschen Unternehmenskaufverträgen geht auch Picot, in: Picot, Unternehmenskauf, § 4 Rn. 458 aus.

II. Abgrenzung

Bevor sich mit der Ausgestaltung von MAC-Klauseln und der damit verbundenen Frage nach den Stärken bzw. Schwächen solcher Klauseln in diesem Zusammenhang beschäftigt werden kann, muss zuerst einmal eine Abgrenzung zu anderen Klauseln erfolgen. Denn nicht selten werden im Zusammenhang von MAC-Klauseln auch die Begriffe MAE-Klauseln[75] und Force-Majeure-Klauseln[76] verwendet. Force-Majeure-Klauseln werden wiederum in einem Atemzug mit Hardship-Klauseln genannt.[77] Um Klarheit in diese Begriffsvielfalt zu bringen, sollen diese Klauseln zunächst näher betrachtet und – wenn nötig – zu MAC-Klauseln abgegrenzt werden.

1. MAE-Klauseln

MAE steht für „Material Adverse Effect".[78] Insofern unterscheiden sich diese Klauseln zu MAC-Klauseln vom Sprachgebrauch her alleine an einem Wort, nämlich an Effect, statt Change. Fraglich ist, ob dies Auswirkungen hat und daher eine Abgrenzung notwendig ist.

Effect kann mit „Auswirkung" übersetzt werden.[79] Im vorliegenden Zusammenhang bedeutet dies also, dass ein Umstand eine wesentlich nachteilige Auswirkung für den Käufer des Unternehmens haben muss. Der Unterschied zum MAC kann also darin gesehen werden, „dass beim MAE der nachteilige Umstand nicht zu einer Veränderung der Gegebenheiten geführt haben muss, sondern die bloße Existenz des nachteiligen Umstands genügt".[80] Da allerdings bei MAE- und MAC-Klauseln der Grundsatz der Vertragsfreiheit

---

75 Vgl. stellvertretend für viele Schlößer, RIW 2006, 889 (890); Hopt, in: FS Schmidt, 681 (682 f.); Kindt/Stanek, BB 2010, 1490.
76 Vgl. stellvertretend für viele Hasselbach, in: KK-WpÜG, § 18 Rn. 58; Busch, AG 2002, 145 (150); Wackerbarth, in: MüKo, AktG, Band 6, § 18 WpÜG Rn. 50.
77 Vgl. nur Breckheimer/Karrenbrock, BB 2014, 3011 (3013).
78 Vgl. stellvertretend für viele Hopt, in: FS Schmidt, S. 681 (683, Fußnote 3); Schlößer, RIW 2006, 889 (890); Kindt/Stanek, BB 2010, 1490; a.A. Hanke/Socher, NJW 2010, 1576 (1577), „Material Adverse Event".
79 Siehe zur Übersetzung http://www.dict.cc/?s=effect, zuletzt abgerufen am 14.04.2015.
80 Hanke/Socher, NJW 2010, 1576 (1577).

gilt, besteht ein weitestgehender Gestaltungsspielraum für die Definition,[81] weshalb die Umstände, die einen MAE qualifizieren auch von einem MAC abgedeckt werden können und umgekehrt. Diese Erkenntnis deckt sich auch mit der amerikanischen Kautelarjurisprudenz, in der grundsätzlich beide Begriffe als Synonyme verwendet werden.[82] Eine Abgrenzung von MAC-Klauseln zu MAE-Klauseln ist somit nicht notwendig.[83]

2. Force-Majeure-Klauseln

Mit Hilfe von Force-Majeure-Klauseln sollen Fälle höherer Gewalt geregelt werden.[84] Höhere Gewalt setzt nach deutschem Recht einen unabwendbaren Zufall voraus, der außerhalb des Einflussbereiches der Parteien anzusiedeln ist und dessen Vermeidung von den Parteien unter zumutbarer Sorgfalt nicht erwartet werden konnte.[85] Insofern befassen sich also solche Klauseln, wie auch MAC-Klauseln, mit der Risikoverteilung zwischen den Parteien. Allerdings liegt es bei der Verwendung von MAC-Klauseln im Interesse des Unternehmenskäufers, dass nicht nur bei Fällen von höherer Gewalt das Risiko auf den Verkäufer verteilt werden kann, sondern bei deutlich mehr Fällen.[86]

Ein weiterer Unterschied liegt in der Rechtsfolge. Force-Majeure-Klauseln bewirken nämlich grundsätzlich nur, dass die Leistungspflichten für einen bestimmten Zeitraum ausgesetzt werden sollen.[87] Sinn und Zweck von MAC-Klauseln ist es aber, dass der Käufer auf eine wesentlich nachteilige Veränderung nach seinen Vorstellungen entsprechend reagieren können soll, weshalb es nicht ausreichend ist, dass Leistungspflichten für einen bestimmten Zeitraum nur ausgesetzt werden können. Insofern ist eine Abgrenzung von MAC-Klauseln zu Force-Majeure-Klauseln notwendig.[88]

---

81 Siehe zum Grundsatz der Vertragsfreiheit im Zusammenhang mit einer MAC-Klausel D. III.
82 Vgl. insbesondere Lange, NZG 2005, 454, (Fußnote 2 m.w.N.).
83 Im Ergebnis so wohl auch Badura, MAC-Klauseln, S. 13.
84 Vgl. nur Breckheimer/Karrenbrock, BB 2014, 3011 (3013).
85 Vgl. nur BGH, Urteil vom 07.05.1997 – VIII ZR 253/96, NJW 1997, 3164 m.w.N.
86 Siehe dazu D. IV. 1.
87 Siehe zur Wirkung von Force-Majeure-Klauseln insbesondere Breckheimer/Karrenbrock, BB 2014, 3011 (3013).
88 Im Ergebnis so wohl auch Badura, MAC-Klauseln, S. 18.

3. Hardship-Klauseln

Unabhängig davon, ob Hardship-Klauseln in Bezug auf den Tatbestand anders zu beurteilen sind als Force-Majeure-Klauseln und sie daher eventuell näher zu MAC-Klauseln stehen, liegt der entscheidende Unterschied in der Rechtsfolge. Denn Hardship-Klauseln sehen zur Behebung der durch nicht kontrollierbare Umstände hervorgerufenen Störungen des vertraglichen Gleichgewichts grundsätzlich nur eine Neubestimmung der Leistungspflichten vor.[89] Eine Neubestimmung der Leistungspflichten stellt allerdings nur eine Möglichkeit dar, um auf die wesentlich nachteilige Veränderung reagieren zu können und entspricht daher nicht der vielfältigen Möglichkeit die mit einer MAC-Klausel hinsichtlich der Ausgestaltung der Rechtsfolgen bezweckt werden können.[90] Insofern ist auch eine Abgrenzung von MAC-Klauseln zu Hardship-Klauseln notwendig.[91]

III. Grundsatz der Vertragsfreiheit

Aus rechtlicher Sicht ist Ausgangspunkt für die Aufnahme und Ausgestaltung einer MAC-Klausel in den Unternehmenskaufvertrag die Vertragsfreiheit, als wichtigster Bestandteil der Privatautonomie.[92] Denn die Vertragsfreiheit beinhaltet neben der Abschlussfreiheit und der Formfreiheit auch die Inhalts- bzw. Gestaltungsfreiheit.[93] Unter dieser versteht man, „die Möglichkeit, den Inhalt des Vertrages einvernehmlich zu bestimmen und so jeden beliebigen Inhalt vertragstypenunabhängig zum Gegenstand des Vertrages zu machen".[94] Insofern kann der Käufer im Rahmen des Unternehmenskaufvertrages die MAC-Klausel so ausgestalten wie er will.

---

89 Vgl. Badura, MAC-Klauseln, S. 20 f. m.w.N.
90 Siehe dazu D. V.
91 Im Ergebnis so wohl auch Badura, MAC-Klauseln, S. 23.
92 Zwar wird der Begriff der Vertragsfreiheit und der Privatautonomie häufig synonym verwendet, allerdings sind diese Begriffe voneinander zu unterscheiden, vgl. stellvertretend für viele Olzen, in: Staudinger, BGB, Buch 2, Einl. zum SchuldR. Rn. 52 m.w.N.; Flume, BGB AT II, § 1 10 S. 18; Larenz, Schuldrecht I, § 4 S. 41.
93 Vgl. stellvertretend für viele Wolf, in: Soergel, BGB, Band 2, Vor. § 145 Rn. 19 m.w.N.; Wolf/Neuner, BGB AT, § 10 Rn. 33 ff. m.w.N.; Heinrich, Formale Freiheit und materielle Gerechtigkeit, S. 55 ff. m.w.N.
94 Heinrich, Formale Freiheit und materielle Gerechtigkeit, S. 59.

Nun könnte aber in diesem Zusammenhang die vertragliche Risikoverteilung durch § 313 BGB eingeschränkt sein. Grundsätzlich gilt zwar, dass eine vertragliche Risikoverteilung vorzugswürdig gegenüber § 313 BGB ist.[95] Dies ist im Ansatz auch richtig, da sonst gerade die oben erwähnte Inhalts- bzw. Gestaltungsfreiheit unterlaufen werden würde. Daher wird zum Teil vertreten, dass eine MAC-Klausel generell zur Unanwendbarkeit des § 313 BGB führe,[96] woraus folgen würde, dass keine Einschränkung durch § 313 BGB erfolgen könne.

Allerdings muss beachtet werden, dass, sowohl nach Ansicht der Rechtsprechung, als auch nach Ansicht der Lehre gilt, dass die vertragliche Risikoverteilung doch wieder durch § 313 BGB eingeschränkt werden kann, wenn außergewöhnliche Fälle vorliegen.[97] Solche liegen insbesondere dann vor, „wenn es sich um eine derart einschneidende Änderung handelt, da[ss] ein Festhalten an der ursprünglichen Regelung zu einem untragbaren, mit Recht und Gerechtigkeit schlechthin nicht mehr zu vereinbarenden Ergebnis führen würde und das Festhalten an der ursprünglichen vertraglichen Regelung für die betroffene Partei deshalb unzumutbar wäre".[98] Auch dies ist nachvollziehbar und richtig. Denn bei § 313 BGB handelt es sich um eine gesetzliche Ausprägung des Grundsatzes von Treu und Glauben gem. § 242 BGB.[99] Da § 242 BGB als Grundgebot der Redlichkeit unabdingbar ist,[100]

---

95 Daher ist es auch bei Verwirklichung eines Risikos ausgeschlossen, sich auf die Störung der Geschäftsgrundlage zu berufen, wenn eine vertragliche Risikoregelung vorhanden ist, vgl. stellvertretend für viele BGH, Urteil vom 25.02.1993 – VII ZR 24/92, NJW 1993, 1856 (1859 m.w.N.), da das Urteil vor der Schuldrechtsreform lag, spricht dieses noch nicht ausdrücklich von der Störung der Geschäftsgrundlage, sondern vom Wegfall der Geschäftsgrundlage; BGH, Urteil vom 21.09.2005 – XII ZR 66/03, NJW 2006, 899 (901); Finkenauer, in: MüKo, BGB, Band 2, § 313 Rn. 61 m.w.N.
96 Vgl. nur Triebel/Hölzle, BB 2002, 521 (534).
97 Vgl. stellvertretend für viele BGH, Urteil vom 25.02.1993 – VII ZR 24/92, NJW 1993, 1856 (1860 m.w.N.); Emmerich, Leistungsstörungen, § 27 Rn. 34 m.w.N.; Grüneberg, in: Palandt, BGB, § 313 Rn. 32 m.w.N.
98 BGH, Urteil vom 25.02.1993 – VII ZR 24/92, NJW 1993, 1856 (1860 m.w.N.).
99 Vgl. nur Unberath, in: Bamberger/Roth, BGB, Band 1, § 313 Rn. 1.
100 Vgl. nur Sutschet, in: Bamberger/Roth, BGB, Band 1, § 242 Rn. 38 m.w.N.

kann § 313 BGB nicht so weit abbedungen werden, dass der auf § 242 BGB gestützte Kerngehalt ausgeschlossen wird.[101]

Allerdings hat dies im vorliegenden Zusammenhang keinen Einfluss, da es bei einer MAC-Klausel in einem Unternehmenskaufvertrag nicht darum geht, den Käufer an den Unternehmenskaufvertrag binden zu wollen, obwohl dieser unzumutbar wäre.[102] Insofern hat der Unternehmenskäufer also im Hinblick auf eine vertragliche Risikoverteilung in Form einer MAC-Klausel vom Ausgangspunkt her einen umfangreichen Gestaltungsspielraum.[103]

IV. Ausgestaltung des Tatbestands

Zentrales Tatbestandsmerkmal einer MAC-Klausel ist das Vorliegen einer wesentlich nachteiligen Veränderung.[104] Im Folgenden sollen daher die Begriffe „nachteilige Veränderung" und „Wesentlichkeit" näher beleuchtet werden.

1. Nachteilige Veränderung

Im Rahmen der nachteiligen Veränderung kann der Unternehmenskäufer entweder konkret und abschließend, oder allgemein formulieren bzw. definieren, was unter nachteiliger Veränderung verstanden werden soll, wobei bei letzterem zwischen einer weiten und engen Fassung differenziert werden kann.[105] Dieser Gestaltungsspielraum kommt dem Käufer auch zu Gute, da aus Sicht des Käufers ganz unterschiedliche Faktoren zu einer nachteiligen Veränderung des Unternehmenskaufes führen können.

Grundsätzlich lassen sich die einzelnen nachteiligen Veränderungen in drei Kategorien einordnen. Nämlich in interne Veränderungen, externe

---

101 Vgl. zum gleichen Gedanken insbesondere Henssler, in: FS Huber, 739 (752).
102 So auch Henssler, in: FS Huber, 739 (752).
103 Im Ergebnis ähnlich Henssler, in: FS Huber, 739 (752 f.).
104 Im Ergebnis so auch stellvertretend für viele Picot/Duggal, DB 2003, 2635 (2638); Picot, in: Picot, Unternehmenskauf, § 4 Rn. 463; Lappe/Schmitt, DB 2007, 153 (154).
105 Gerade allgemein gehaltene Formulierungen von nachteiligen Veränderungen werden nicht selten durch Ausnahmen eingeschränkt, so dass bestimmte Umstände bzw. Ereignisse ausdrücklich von den nachteiligen Veränderungen ausgenommen werden (sog. Carve-Outs). Ähnlich insbesondere Picot/Duggal, DB 2003, 2635 (2639 f.), allerdings bezogen auf eine MAC-Klausel an sich.

wirtschaftliche Veränderungen und externe nicht wirtschaftliche Veränderungen.[106] Diese drei Kategorien bilden auch die Grundlage von MAC-Klauseln,[107] weswegen diese drei Kategorien im Folgenden auch näher dargestellt werden.

a. Interne Veränderung

Unter interner Veränderung sind Veränderungen zu verstehen, die ihren Ursprung unmittelbar in dem Unternehmen, das gekauft werden soll, haben bzw. dieses unmittelbar betreffen.[108] Dazu können Verschlechterungen der Vermögens-, Finanz- und Ertragslage gehören, wie auch Veränderungen des Geschäftsbetriebes des zu kaufenden Unternehmens, durch ein Verlust wichtiger Lieferanten bzw. Kunden, Verfall von Margen, Ausfall von essentiellen Produktionsanlagen, Wegfall von Lizenzen bzw. Patenten, oder ähnliches.[109]

b. Externe wirtschaftliche Veränderung

Unter externer wirtschaftlicher Veränderung sind Veränderungen zu verstehen, die ihren Ursprung außerhalb des zu kaufenden Unternehmens haben, aber dennoch zu nachteiligen Veränderungen beim zu kaufenden Unternehmen führen können, also mittelbare Auswirkungen auf dieses haben können.[110] Solche nachteiligen Veränderungen können etwa durch eine Inflation, eine Börsenkrise, ein Konjunkturabschwung, oder einen deutlich spürbareren Preisverfall entstehen.[111] Tritt z.B. eine Inflation ein, führt dies zur Entwertung der Ersparnisse, weshalb die Bevölkerung ihr Geld in aller Regel nicht mehr bei Banken anlegen wird, was wiederum die Möglichkeiten der Banken einschränkt, dem Unternehmen einen Kredit zur Finanzierung von Investitionen zu geben.

---

106 Ähnlich insbesondere Picot/Duggal, DB 2003, 2635 (2638); Picot, in: Picot, Unternehmenskauf, § 4 Rn. 466, allerdings bezogen auf eine MAC-Klausel an sich.
107 So wohl auch Lappe/Schmitt, DB 2007, 153 (154), die daraufhin weisen, dass sich in der Praxis bei MAC-Klauseln allerdings noch weitere Unterformen finden lassen, die sich nicht eindeutig in eine dieser Kategorien einordnen lassen.
108 Vgl. nur Picot/Duggal, DB 2003, 2635 (2638).
109 Vgl. zum gleichen Gedanken nur Holzapfel/Pöllath, Unternehmenskauf, Rn. 63.
110 Vgl. nur Picot/Duggal, DB 2003, 2635 (2639).
111 Vgl. zum gleichen Gedanken nur Badura, MAC-Klauseln, S. 9.

c. Externe nicht wirtschaftliche Veränderung

Unter externen nicht wirtschaftlichen Veränderungen sind Veränderungen zu verstehen, die durch soziale, rechtliche und politische Veränderungen der Rahmenbedingungen, insbesondere durch höhere Gewalt, hervorgerufen werden können und zu nachteiligen Veränderungen beim zu kaufenden Unternehmen führen können.[112] Solche Veränderungen können etwa sein Natur- und Umweltkatastrophen, Brände, Terroranschläge, ein Embargo, Streiks, die außerhalb des zu kaufenden Unternehmens stattfinden, oder ähnliches.[113] So kann etwa ein eintretendes Erdbeben dazu führen, dass die Produktionshallen des Unternehmens zerstört werden und die Produktion für längere Zeit zum Erliegen kommt.

2. Wesentlichkeit

Wird konkret und abschließend definiert, welche nachteilige Veränderung von der MAC-Klausel umfasst werden soll, ist die Wesentlichkeit impliziert.[114] Denn in einem solchen Fall kann kein Zweifel mehr bestehen, dass der Unternehmenskäufer diesem Umstand eine ganz erhebliche Bedeutung zugemessen hat. Es wäre nicht nachvollziehbar, dass eine bis ins letzte Detail aufgenommene nachteilige Veränderung nicht wesentlich sein soll. Ist z.B. eine (wesentlich) nachteilige Veränderung dadurch definiert, dass eine solche angenommen werden soll, wenn der weltweit einzige Lieferant für ein zur Herstellung des Hauptproduktes des Unternehmens zwingend notwendig benötigtes Teil wegfällt, können keine Zweifel mehr bestehen, dass, wenn dieser Lieferant tatsächlich wegfällt, dies nicht einen wesentlichen Umstand darstellt.

Ganz anders ist die Situation jedoch zu beurteilen, wenn neben die konkret und abschließend beschriebene nachteilige Veränderung noch eine Generalklausel tritt, oder die nachteilige Veränderung allgemein und weit beschrieben wurde.[115] Wie dies z.B. der Fall ist, wenn unter einer nachteiligen Veränderung solche Ereignisse, Umstände oder Entwicklungen verstanden

---

112 Vgl. nur Picot/Duggal, DB 2003, 2635 (2639).
113 Vgl. zum gleichen Gedanken nur Picot/Duggal, DB 2003, 2635 (2639).
114 Im Ergebnis so wohl auch Badura, MAC-Klauseln, S. 10.
115 So auch insbesondere Badura, MAC-Klauseln, S. 10.

werden sollen, die wesentlich negative Auswirkungen auf die Zielgesellschaft haben können.[116]

Bei derartigen Klauseln kann nicht von einer nachteiligen Veränderung auf die Wesentlichkeit geschlossen werden. Denn der Eintritt einer nachteiligen Veränderung muss nicht zwingend auch wesentlich negative Auswirkungen für den Unternehmenskäufer haben.

Ganz eindeutig wird dies z.b. am Beispiel der aktuellen Ukrainekrise, wegen der Russland Importbeschränkungen verhängt hat. Angenommen die nachteilige Veränderung wurde allgemein und weit beschrieben, fällt darunter auch eine Importbeschränkung, da eine solche ein Embargo darstellt und somit im Rahmen einer externen nicht wirtschaftlichen Veränderung eingeordnet werden kann. Eine solche Importbeschränkung kann auch negative Auswirkungen für das Zielunternehmen haben. Will allerdings der Käufer des Unternehmens Produkte, die von der Importbeschränkung betroffen sind nur zu einem ganz geringen Teil nach Russland importieren, hat eine solche negative Veränderung keine wesentlich negativen Auswirkungen auf den Käufer des Unternehmens. Es wäre daher völlig abwegig, wenn der Käufer in einer solchen Situation die MAC-Klausel ausüben dürfte.

Aber auch in nicht ganz so eindeutigen Fällen muss eine nachteilige Veränderung nicht wesentlich für den Käufer des Unternehmens sein. Für eine Anregung diesbezüglich eignet es sich, einen Blick auf eine amerikanische Gerichtsentscheidung zu werfen. In dem Fall IBP gegen Tyson Foods wurde entschieden, dass für einen Unternehmenskäufer als langfristigen Investor, ein Gewinnrückgang von 64 Prozent im Vergleich zum Vorjahresquartal nicht wesentlich sei, wenn es sich dabei nur um einen kurzfristigen Gewinneinbruch aufgrund von saisonal bedingten Umsatzschwankungen handele.[117] Dem ist im Kern zuzustimmen. Ist eine nachteilige Veränderung allgemein und weit beschrieben worden, ist davon auch ein Gewinnrückgang umfasst, da ein solcher die Vermögens-, Finanz- und Ertragslage verschlechtert und somit im

---

116 In Anlehnung an Picot/Duggal, DB 2003, 2635 (2639).
117 Vgl. in re IBP, Inc., Shareholders Litigation, 789 A.2d 14 (Del. Ch. 2001). Im Vertrag war ein MAC als "any event, occurrence or development of a state of circumstances or facts which has had or reasonably could be expected to have a Material Adverse Effect […] on the condition (financial or otherwise), business, assets, liabilities or results of [IBP] and [its] Subsidiaries taken as a whole", also allgemein, definiert.

Rahmen einer internen Veränderung eingeordnet werden kann. Allerdings kann je nach Geschäft ein solcher Gewinnrückgang für einen bestimmten Zeitraum völlig normal sein. So ist z.b. bei einem Unternehmen, das nur Winterkleidung herstellt ein Gewinnrückgang im Zeitraum Juli bis August völlig normal, weswegen nicht allgemein jede Verschlechterung der Vermögens-, Finanz- und Ertragslage zu einer wesentlich nachteiligen Veränderung führen muss.[118]

Wurde die nachteilige Veränderung allgemein und weit beschrieben, ist es daher notwendig, den Begriff der Wesentlichkeit näher zu definieren bzw. zu konkretisieren. Um größtmögliche Rechtssicherheit herbeizuführen bieten sich hierfür verschiedene Möglichkeiten an. Zum einen kann der Begriff der Wesentlichkeit durch sachliche Kriterien, wie z.B. durch bestimmte Schwellenwerte konkretisiert werden.[119] Danach würde z.B. eine wesentlich nachteilige Veränderung nur dann vorliegen, wenn die nachteilige Veränderung zu einem Verlust oder Schaden in Höhe eines in der Klausel näher bestimmten Betrages oder Prozentsatzes führen würde. Genauso kann der Begriff der Wesentlichkeit aber auch durch zeitliche Elemente konkretisiert werden, so dass z.B. die nachteilige Veränderung erst dann wesentlich werden soll, wenn diese länger als 3 Monate andauert, oder durch räumliche Aspekte, so dass z.B. nur in einem bestimmten Land ein Eintritt einer nachteiligen Veränderung als wesentlich gelten soll.[120]

V. Ausgestaltung der Rechtsfolge

Nachdem aufgezeigt wurde, was der aufgrund der Vertragsfreiheit bestehende umfangreiche Gestaltungsspielraum im Hinblick auf den Tatbestand einer MAC-Klausel bedeutet, soll dies im Folgenden im Hinblick auf die Rechtsfolge geschehen.

---

118 Vgl. zum gleichen Gedanken Kuntz, DStR 2009, 377 (380).
119 Vgl. nur Picot/Duggal, DB 2003, 2635 (2640), die dies allerdings unter dem Begriff der Zumutbarkeit erörtern.
120 Vgl. zum gleichen Gedanken insbesondere Picot/Duggal, DB 2003, 2635 (2640), die dies allerdings unter dem Begriff der Zumutbarkeit erörtern.

1. Anspruch auf Anpassung des Vertrages

Entsprechend zu § 313 BGB kann dem Käufer zunächst bei Vorliegen der Tatbestandsmerkmale ein Recht auf Vertragsanpassung eingeräumt werden.[121] Dadurch können die rechtlichen und/oder wirtschaftlichen Parameter, insbesondere der Kaufpreis, an die durch die wesentlich nachteilige Veränderung entstandenen Umstände angepasst werden.

Zwar könnte man gerade im Hinblick auf die oben erwähnte Interessenlage der Parteien, Gewissheit über die Konditionen des Unternehmenskaufes, vertreten, dass eine solche Rechtsfolge eigentlich dem Interesse der Parteien entgegenläuft, da mit einer Vertragsanpassung eine gewisse Ungewissheit verbunden ist.[122] Allerdings ist die Interessenlage der Parteien auch auf das Zustandekommen und den Vollzug des Unternehmenskaufes gerichtet, so dass vom eigentlichen Ausgangspunkt her beide Parteien die Durchführung des Unternehmenskaufes beabsichtigen, weshalb eine solche Rechtsfolge durchaus Sinn machen kann. Denn so kann der Unternehmenskaufvertrag aufrechterhalten und an die gegebenen Umstände angepasst werden. Empfehlenswert ist in diesem Zusammenhang aber, dass im Falle einer Nichteinigung über die Vertragsanpassung hilfsweise ein Recht zur Kündigung mitaufgenommen wird.

2. Anspruch auf Rücktritt vom Vertrag

Gerade bei schwerwiegenden Veränderungen, die dem Unternehmenskauf die Grundlage entziehen, kann es aber auch so sein, dass nur ein Rücktrittsrecht vom Unternehmenskaufvertrag eine angemessene Rechtsfolge darstellt.[123] Insbesondere in solchen Fällen bietet es sich daher an, dass abweichend von § 313 BGB direkt ein Rücktrittsrecht vom Unternehmenskaufvertrag vereinbart wird. Darüber hinaus kann aber auch die Vereinbarung eines direkten Rücktrittsrechtes für den Käufer vorteilhaft sein. Denn durch eine solche Rechtsfolge wird dem Käufer ein gewisser Handlungsspielraum

---

121 So auch insbesondere Picot/Duggal, DB 2003, 2635 (2640).
122 Von einer Unsicherheit in diesem Zusammenhang gehen Picot/Duggal aus, die daher in einer solchen Regelung wohl einen Nachteil sehen, vgl. Picot/Duggal, DB 2003, 2635 (2640).
123 So wohl auch Borris, BB 2008, 294 f.

eröffnet, da er die Möglichkeit hat bei einer wesentlich nachteiligen Veränderung vom Unternehmenskaufvertrag zurückzutreten, dies aber nicht zwingend muss, wenn er trotz dieser veränderten Umstände am Unternehmenskaufvertrag festhalten will.[124] Interessanterweise nutzt in der Praxis in der Tat der Käufer die Rechtsfolge des Rücktritts nicht dazu aus, sich vom Vertrag zu lösen, sondern, sozusagen als Druckmittel, um die rechtlichen und/oder wirtschaftlichen Parameter, insbesondere den Kaufpreis, neu zu verhandeln.[125] Gerade vor dem eben erwähnten Ausgangspunkt, dass beide Parteien die Durchführung des Unternehmenskaufes beabsichtigen und dem Umstand, dass der Käufer zu diesem Zeitpunkt für die Durchführung des Unternehmenskaufes bereits Kosten, Zeit und Arbeitskraft investiert hat, ist dies auch verständlich.[126] Nicht zu vergessen sind in diesem Zusammenhang auch die mit einer Rückabwicklung verbundenen Schwierigkeiten.[127]

3. Weitere Ansprüche

Wenn der Unternehmenskauf auf jeden Fall durchgeführt werden soll, kann als Rechtsfolge einer MAC-Klausel auch eine Minderung oder ein Schadenersatz vereinbart werden.[128] Insbesondere der Käufer will mit einer solchen Ausgestaltung bezwecken, dass bei einem Eintritt einer wesentlich negativen Veränderung der Unternehmenskaufvertrag bestehen bleibt und auf den Eintritt einer wesentlich nachteiligen Veränderung „nur" mit einem finanziellen Ausgleich reagiert wird.

---

124 Vgl. zum gleichen Gedanken nur Picot/Duggal, DB 2003, 2635 (2640).
125 Vgl. stellvertretend für viele Lappe/Schmitt, DB 2007, 153 (155); Kindt/Stanek, BB 2010, 1490 (1491 f.); Badura, MAC-Klauseln, S. 7.
126 Vgl. zum gleichen Gedanken Badura, MAC-Klauseln, S. 7 f., der in diesem Zusammenhang m.w.N. in Fußnote 20 darauf hinweist, dass bei der Übernahme im Jahre 2002 von Compaq durch Hewlett-Packard über 1.000 Angestellte (allerdings beider Unternehmen) zwischen Signing und Closing mehr als 1 Million Arbeitsstunden auf die Integration verwendet haben.
127 Vgl. Badura, MAC-Klauseln, S. 8; Picot/Duggal, DB 2003, 2635 (2640 f.).
128 Vgl. zum gleichen Gedanken insbesondere Picot/Duggal, DB 2003, 2635 (2641).

a. Minderung

Durch die Minderung wird erreicht, dass der Kaufpreis in dem Verhältnis herabgesetzt wird, in welchem zur Zeit des Vertragsschlusses der Wert des Unternehmens ohne die wesentlich nachteilige Veränderung zu dem Wert des Unternehmens mit wesentlich nachteiliger Veränderung gestanden haben würde.[129] Im Endeffekt bleibt dadurch der Unternehmenskaufvertrag bis auf den Preis so bestehen wie er vereinbart wurde. Der Käufer des Unternehmens zahlt für das Unternehmen nur den Preis, den das Unternehmen mit der wesentlich nachteiligen Veränderung tatsächlich wert ist, so dass dem oben angesprochenen Interesse damit Rechnung getragen wird.[130]

b. Schadenersatz

Durch die Schadenersatzleistung sollen die entstandenen Nachteile ausgeglichen werden.[131] Der Käufer ist so zu stellen, wie er ohne die wesentlich nachteilige Veränderung stehen würde.[132] Hier bleibt der gesamte Unternehmenskaufvertrag so bestehen, wie er vereinbart wurde. Der Käufer bekommt aber einen finanziellen Ausgleich für die wesentlich nachteilige Veränderung. Insofern ist auch durch diese Variante dem oben angesprochenen Interesse Rechnung getragen.[133]

4. Bedingung

Nicht selten wird eine MAC-Klausel auch als aufschiebende Bedingung gem. § 158 I BGB oder als auflösende Bedingung gem. § 158 II BGB vereinbart.[134] Während bei der aufschiebenden Bedingung der Eintritt der Rechtswirkung

---

129 Vgl. zur Wirkung der Minderung im Zusammenhang mit einem Mangel gem. §§ 434 f. BGB nur Grunewald, in: Erman, BGB, Band 1, § 441 Rn. 4 ff.
130 Siehe zu praktischen Problemen bei der Durchführung des Minderungsrechts in diesem Zusammenhang Picot/Duggal, DB 2003, 2635 (2641).
131 Vgl. stellvertretend für viele BGH, Urteil vom 06.07.2004 – VI ZR 266/03, NJW 2004, 3324 (3325); Grüneberg, in: Palandt, BGB, Vorb. v. § 249 Rn. 2; Ebert, in: Erman, BGB, Band 1, Vor. §§ 249–253 Rn. 1.
132 So auch insbesondere Picot/Duggal, DB 2003, 2635 (2641).
133 Siehe zu praktischen Problemen bei der Durchführung des Schadensersatzes in diesem Zusammenhang Picot/Duggal, DB 2003, 2635 (2641).
134 So auch insbesondere Picot/Duggal, DB 2003, 2635 (2641).

von dem zukünftigen Ereignis abhängt, hängt bei der auflösenden Bedingung das Fortbestehen der Rechtswirkung von dem zukünftigen Ereignis ab.[135] Dabei kann sowohl das schuldrechtliche Rechtsgeschäft, also der Unternehmenskaufvertrag, als auch das dingliche Rechtsgeschäft, also die Übertragung der Gesellschaftsanteile beim Share Deal bzw. die Übertragung der einzelnen Wirtschaftsgüter beim Asset Deal, unter eine Bedingung für den Fall des Eintritts oder Nichteintritts einer wesentlich nachteiligen Veränderung gestellt werden.[136]

VI. Ausgestaltung des zeitlichen Rahmens

Bevor auf die Frage eingegangen wird, welche Stärken und Schwächen eine MAC-Klausel im Hinblick auf einen effektiven Schutz vor wesentlich nachteiligen Veränderungen zwischen Signing und Closing hat, soll noch kurz die Ausgestaltung des zeitlichen Rahmens angesprochen werden.

Aufgrund der Vertragsfreiheit steht es dem Käufer auch frei zu regeln, bis zu welchem Zeitpunkt die wesentlich nachteilige Veränderung eingetreten sein muss, damit er die in der MAC-Klausel festgelegte Rechtsfolge ausüben kann. Insofern kann für eine wesentlich nachteilige Veränderung unproblematisch der Zeitraum zwischen Signing und Closing bestimmt werden. Der Käufer kann sogar den Anwendungszeitraum auch über das Closing hinaus festgelegen.[137] So kann daher auch dem Einwand begegnet werden, dass es zufällig sei, ob die wesentlich nachteilige Veränderung noch vor dem Closing oder erst kurz danach eintritt.[138]

VII. Stellungnahme

Nachdem sich mit der Ausgestaltung einer MAC-Klausel beschäftigt wurde, soll im Folgenden im Hinblick auf die Frage, ob mit der Aufnahme einer solchen Klausel in den Unternehmenskaufvertrag auch ein effektiver Schutz

---

135 Vgl. nur Ellenberger, in: Palandt, BGB, Einf. v. § 158 Rn. 1.
136 Vgl. nur Picot/Duggal, DB 2003, 2635 (2641).
137 So wohl auch Picot/Duggal, DB 2003, 2635 (2639); a.A. wohl Hopt, in: FS Schmidt, 681 (699), der zumindest für den Rücktritt das Closing als spätest relevanten Zeitpunkt ansieht.
138 Vgl. zum Gedanken dieses Einwandes Busch, AG 2002, 145 (150), der diesen allerdings im Zusammenhang mit einem Übernahmegebot anspricht.

vor wesentlich nachteiligen Veränderungen zwischen Signing und Closing erreicht werden kann, Stellung genommen werden. Auch soll geklärt werden, ob es für diese Fragestellung, abgesehen von einer MAC-Klausel, noch andere Möglichkeiten gibt.

1. Stärken

Für den Käufer eines Unternehmens ist es von immenser Bedeutung, dass er eine Möglichkeit hat, auf bestimmte Veränderungen, die zwischen Signing und Closing eintreten können und aus seiner Sicht besonders nachteilige Auswirkungen auf den Unternehmenskauf haben können, mit einer bestimmten Rechtsfolge reagieren zu können. Insbesondere dürfte dies bei nachteiligen Veränderungen der Fall sein, die schon bei Vertragsschluss vorhersehbar sind und dessen Eintritt für den Käufer gravierende Folgen auslösen würden. In solchen Fällen eignet es sich hervorragend, eine konkret und abschließend formulierte MAC-Klausel in den Unternehmenskaufvertrag aufzunehmen.[139] Aufgrund der Vertragsfreiheit kann der Käufer exakt diese Umstände als wesentlich nachteilige Veränderungen im Rahmen der MAC-Klausel mit einer bestimmten Rechtsfolge definieren und so die Klausel nach seiner Interessenlage ausgestalten. Zudem kann der Käufer mit einer solchen Klausel den Anwendungszeitraum klar festlegen,[140] so dass explizit der Zeitraum zwischen Signing und Closing als maßgeblich für eine wesentlich nachteilige Veränderung festgelegt werden kann. Dabei spielt es auch keine Rolle, ob die Voraussetzungen des § 313 BGB vorliegen, da von einer MAC-Klausel auch Risiken erfasst werden können, bei denen nicht die Voraussetzungen des § 313 BGB gegeben sind.[141]

Die Stärke einer solch ausgestalteten Klausel liegt daher eindeutig darin, dass den Beteiligten klar ist, wann tatsächlich eine wesentlich nachteilige Veränderung vorliegt, wie darauf reagiert werden kann und welcher Zeitraum

---

139 In Fällen bei denen eine wesentlich nachteilige Veränderung schon bei Vertragsschluss vorhersehbar ist, ist es ratsam, noch zu vereinbaren, dass die Vorhersehbarkeit dieses Umstandes für den Eintritt der Änderung unbeachtlich sein soll, so auch insbesondere Picot/Duggal, DB 2003, 2635 (2639 m.w.N.).
140 Im Ergebnis so auch insbesondere Breckheimer/Karrenbrock, BB 2014, 3011 (3014).
141 Vgl. zum gleichen Gedanken insbesondere Hopt, in: FS Schmidt, 681 (690).

dafür maßgeblich ist. Dadurch wird Rechtssicherheit herbeigeführt, worin auch der große Vorteil gegenüber der Regelung der Geschäftsgrundlage gem. § 313 BGB liegt, da bei einer solchen Rechtssicherheit aufgrund der wertungsoffenen Tatbestandsmerkmale gerade nicht besteht.[142]

Im Vergleich zu § 313 BGB bietet eine MAC-Klausel dabei insbesondere folgende Vorteile:

Während von § 313 BGB nur wesentlich nachteilige Veränderungen bzw. Störungen erfasst werden, die zur Grundlage des Vertrages geworden sind, werden von MAC-Klauseln grundsätzlich alle Störungen erfasst, die in der Klausel erwähnt werden. Dies hat den Vorteil, dass sich in diesem Zusammenhang gar nicht mit dem Begriff der Geschäftsgrundlage bzw. Vertragsgrundlage, dessen Bestimmung zu Problemen und zu Unsicherheiten führen kann, beschäftigt werden muss. Insofern besteht schon durch die Aufnahme einer MAC-Klausel ein Unsicherheitsfaktor weniger.

Des Weiteren besteht im Rahmen des § 313 BGB mangels einer eindeutig klaren Definition die Unsicherheit, was unter einer schwerwiegenden Veränderung zu verstehen ist, weshalb im Vorhinein auch keine klare Aussage getroffen werden kann, wann tatsächlich eine schwerwiegende Veränderung vorliegt. Dieses Problem kann durch eine MAC-Klausel umgangen werden. Denn wenn im Rahmen einer solchen Klausel der Begriff der nachteiligen Veränderung konkret, also exakt und abschließend, formuliert ist, besteht keine Unsicherheit, was unter einer schwerwiegenden Veränderung zu verstehen ist. Ist z.B. in dem oben schon angeführten Beispiel eine nachteilige Veränderung dadurch definiert, dass eine solche angenommen werden soll, wenn der weltweit einzige Lieferant für ein zur Herstellung des Hauptproduktes des Unternehmens zwingend notwendig benötigtes Teil wegfällt, ist klar, wann tatsächlich eine wesentlich nachteilige Veränderung, also eine schwerwiegende Veränderung, vorliegen soll.

Selbst wenn der Begriff der nachteiligen Veränderung allgemein formuliert ist, muss keine Unsicherheit bezüglich der Frage bestehen, wann tatsächlich eine solche Veränderung vorliegt. Denn mithilfe einer näheren Definition bzw. Konkretisierung des Begriffs der Wesentlichkeit kann auch in Fällen, in

---

142 Im Ergebnis so auch stellvertretend für viele Picot/Duggal, DB 2003, 2635 (2641); Kindt/Stanek, BB 2010, 1490; Breckheimer/Karrenbrock, BB 2014, 3011 (3014).

denen die nachteilige Veränderung allgemein definiert wurde, erreicht werden, dass klar ist, wann tatsächlich eine wesentlich nachteilige Veränderung vorliegen soll. Ist z.B. eine nachteilige Veränderung als ein Ereignis definiert, welches eine nachteilige Auswirkung auf das Zielunternehmen haben muss, dieses aber erst dann wesentlich werden soll, wenn dieses Ereignis zu einem Verlust oder einem Schaden von einem bestimmten Betrag führt, so ist durch die nähere Konkretisierung des Begriffs der Wesentlichkeit klar, in welchen Fällen eine wesentlich nachteilige Veränderung, also eine schwerwiegende Veränderung, vorliegen soll. Insofern kann auch diesbezüglich durch die Aufnahme einer MAC-Klausel Unsicherheit vermieden werden.

Auch bietet eine MAC-Klausel den Vorteil, dass sobald eine wesentlich nachteilige Veränderung vorliegt, die vereinbarte Rechtsfolge, etwa die Möglichkeit der Ausübung des Rücktrittsrechts als Gestaltungsrecht, eintritt. Es kommt also nicht noch wie im Rahmen der Störung der Geschäftsgrundlage sowohl auf Tatbestands-, als auch auf Rechtsfolgenseite auf eine Unzumutbarkeit an. Mit einer solchen „Unzumutbarkeitsschwelle" wären auch mangels klarer Definition wieder weitere Unsicherheiten verbunden. Auch ist nicht, wie beim Rechtsinstitut der Störung der Geschäftsgrundlage, die Möglichkeit einer Vertragsanpassung als vorrangige Rechtsfolge zu prüfen.

Festgehalten werden kann also, dass bei konkreter Ausgestaltung einer MAC-Klausel deutliche Vorteile gegenüber § 313 BGB bestehen, da Unsicherheiten beseitigt werden können. Somit kann mit der Aufnahme einer konkret ausgestalteten MAC-Klausel in den Unternehmenskaufvertrag auch ein effektiver Schutz vor wesentlich nachteiligen Veränderungen zwischen Signing und Closing erreicht werden.

2. Schwächen

Folgt man den Ausführungen bezüglich der Stärken einer solchen Klausel, so scheint es, als ob eine MAC-Klausel keine Schwächen haben könnte. Dem ist allerdings nicht so. In dem Moment, in dem eine MAC-Klausel nämlich nicht konkret, sondern allgemein ausgestaltet ist und auch nicht über den Begriff der Wesentlichkeit näher bestimmt bzw. konkretisiert ist, kommen die Schwächen einer solchen Regelung zum Vorschein. Denn bei einer allgemeinen Definition einer wesentlich nachteiligen Veränderung besteht wieder Unsicherheit, welche Umstände tatsächlich eine solche Veränderung darstellen.[143]

Zwar dürfte es den Käufer reizen, im Rahmen einer MAC-Klausel eine allgemein formulierte MAC-Klausel, in der auch der Begriff der Wesentlichkeit nicht näher bestimmt bzw. konkretisiert ist, zu verwenden, weil er sich ja umfassend gegen möglichst alle wesentlich nachteiligen Veränderungen absichern will.[144] Das Problem an einer solch allgemeinen gehaltenen MAC-Klausel liegt allerdings darin, dass keine Konkretisierung, auch nicht über den Begriff der Wesentlichkeit, erfolgt. Fehlt eine Konkretisierung ist allerdings nicht klar, was unter einer wesentlich nachteiligen Veränderung zu verstehen ist, so dass diese Begriffe dann der Auslegung bedürften.[145] Im Zweifel würde aber eine solche Klausel so ausgelegt werden, dass es sich dabei lediglich um eine vertragliche Wiedergabe dessen handelt, was, (gegebenenfalls) abgesehen von der Rechtsfolge, § 313 BGB sowieso schon regelt,[146] weshalb durch Aufnahme einer solch ausgestalteten MAC-Klausel wenig erreicht wäre.[147] Bei einer allgemein ausgestalteten MAC-Klausel würden sich somit die Probleme, die sich bei einer Störung der Geschäftsgrundlage gem. § 313 BGB ergeben, nur auf die Ebene der Vertragsauslegung transferiert werden.[148] Insofern kann mit einer allgemein ausgestalteten MAC-Klausel keine Rechtssicherheit hergestellt werden.

Festgehalten werden kann also, dass bei allgemeiner Ausgestaltung einer MAC-Klausel so gut wie keine Vorteile gegenüber einer Störung der Geschäftsgrundlage gem. § 313 BGB erreicht werden können. Daher lässt sich mit einer allgemein ausgestalteten MAC-Klausel im Unternehmenskaufvertrag auch kein effektiver Schutz vor wesentlich nachteiligen Veränderungen zwischen Signing und Closing erreichen.

---

143 Vgl. zum gleichen Gedanken Breckheimer/Karrenbrock, BB 2014, 3011 (3014).
144 Vgl. zum gleichen Gedanken insbesondere Henssler, in: FS Huber, 739 (740); Lappe/Schmitt, DB 2007, 153 (154).
145 Siehe zur Auslegung von MAC-Klauseln in Unternehmenskaufverträgen ausführlich Kuntz, DStR 2009, 377.
146 Vgl. insbesondere Kuntz, DStR 2009, 377 (380 bezüglich interner Faktoren, 381 bezüglich externer Faktoren).
147 Vgl. zum gleichen Gedanken Kindt/Stanek, BB 2010, 1490 f.
148 Ähnlich Picot/Duggal, DB 2003, 2635 (2641).

3. Andere Möglichkeiten

Fraglich ist, ob neben MAC-Klauseln noch andere Möglichkeiten bestehen, mit denen ein effektiver Schutz vor wesentlich nachteiligen Veränderungen zwischen Signing und Closing erreicht werden kann. Im Folgenden soll diesbezüglich daher ein kurzer Blick auf Garantien, Covenants und Closing Accounts geworfen werden.

a. Garantien

Bei einer selbstständigen Garantie[149] steht der Garantiegeber dem Garantienehmer für einen bestimmten Erfolg ein, der über die Sachmängelfreiheit hinausgeht.[150] Wenn sich die vom Verkäufer abgegebenen Garantien auf den Zeitpunkt des Signings und Closings beziehen bzw. zum Closing wiederholt werden, besteht grundsätzlich für den Käufer des Unternehmens die Möglichkeit, dass er sich von für ihn aus gesehenen wesentlich nachteiligen Veränderungen, die zwischen Signing und Closing eintreten, mit Garantien schützen kann.[151] Daher wird auch vertreten, dass bei einem umfangreichen Garantienkatalog in Form einer sog. Bring-down Condition die Aufnahme einer MAC-Klausel entbehrlich sein kann.[152]

Dem ist zweifelsfrei zuzustimmen. In der Praxis des Unternehmenskaufvertrages haben sich jedoch im Laufe der Jahre mehr oder weniger standardisierte Kataloge von Einzelgewährleistungen etabliert, die im Rahmen von Garantiekatalogen Einzug in die Vertragsgestaltung gehalten haben.[153] Dabei werden insbesondere geregelt: rechtliche Existenz der verkauften

---

149 Typischerweise handelt es sich in Unternehmenskaufverträgen um selbstständige Garantien, vgl. stellvertretend für viele Picot, in: Picot, Mergers & Acquisitions, Kapitel B. X. S. 323; Bergjan, in: Saenger/Aderhold/Lenkaitis, Handels- und Gesellschaftsrecht, § 11 Rn. 130; Mueller-Thuns, in: Rödder/Hötzel/Mueller-Thuns, Unternehmenskauf, § 10 Rn. 1.
150 Vgl. stellvertretend für viele BT-Drucks. 14/6040, 237; Weidenkaff, in: Palandt, BGB, § 443 Rn. 9; Matusche-Beckmann, in: Staudinger, BGB, Buch 2, § 443 Rn. 12.
151 Im Ergebnis so auch stellvertretend für viele Lappe/Schmitt, DB 2007, 153 (154); Dietzel, in: Semler/Volhard, Unternehmensübernahmen, Band 1, § 9 Rn. 49 m.w.N.; Triebel/Hölzle, BB 2002, 521 (528).
152 Vgl. nur Lappe/Schmitt, DB 2007, 153 (154 m.w.N.).
153 Vgl. insbesondere Haberstock, in: FS P+P, 29 (41 m.w.N.).

Gesellschaften, Richtigkeit der Bilanzen, Vollständigkeit und Einsatzfähigkeit des Anlagevermögens, Freiheit der Grundstücke von Altlasten oder ähnliches.[154] All diesen im Rahmen von Garantien geregelten Punkten ist gemein, dass sich diese auf die Beschreibung des „Ist-Zustandes" zum Zeitpunkt des Unternehmensverkaufes beziehen. Bei einer MAC-Klausel hingegen wird typischerweise im Rahmen einer Risikovorsorge geregelt, welche nachteiligen Veränderungen in der Zukunft eintreten können. In der Regel werden deshalb die Parteien des Unternehmenskaufes Regelungen zur Risikovorsorge vorrangig im Rahmen der Regelungen zu einer MAC-Klausel suchen und nicht bei den Regelungen, die den „Ist-Zustand", also Garantien, betreffen. Zwar wäre es zu weitgehend, insoweit den Rechtsgedanken einer überraschenden Klausel i.S.d. § 305c BGB heranzuziehen, dennoch erscheint es dogmatisch sauberer eine klare Linie zwischen Regelungen zum „Ist-Zustand" und zu zukünftigen Veränderungen zu ziehen.

b. Covenants

Im Rahmen des Unternehmenskaufes werden unter Covenants vertragliche Verpflichtungen bzw. Beschränkungen verstanden, mit denen erreicht werden soll, dass das Zielunternehmen während des Zeitraumes zwischen Signing und Closing möglichst unverändert bleibt.[155] Diese Verpflichtungen bzw. Beschränkungen können sich auf bestimmte Positionen (z.B. Bilanzpositionen), finanzielle Parameter oder ähnliches beziehen.[156] Insofern können also um den Käufer vor wesentlich nachteiligen Veränderungen zwischen Signing und Closing zu schützen durchaus Covenants den gewünschten Erfolg bringen.[157]

Allerdings muss beachtet werden, dass mit Covenants typischerweise nur nachteilige Veränderungen des Zielunternehmens im Einflussbereich des Verkäufers abgedeckt werden.[158] Durch MAC-Klausel werden aber auch grundsätzlich nachteilige Veränderungen abgedeckt, die außerhalb

---

154 Vgl. insbesondere Haberstock, in: FS P+P, 29 (41 m.w.N.).
155 Vgl. nur Hanke/Socher, NJW 2010, 1576 (1577).
156 Vgl. insbesondere Lappe/Schmitt, DB 2007, 153 (157).
157 So wohl auch Lappe/Schmitt, DB 2007, 153 f.
158 So wohl auch Hanke/Socher, NJW 2010, 1576.

des Einflussbereiches der Parteien liegen.[159] Für einen umfassenden Schutz vor wesentlich nachteiligen Veränderungen während Signing und Closing kommen daher Covenants grundsätzlich nicht in Betracht.

c. Closing Accounts

Closing Accounts spielen im Zusammenhang mit der Kaufpreisermittlung bei Unternehmenskäufen eine Rolle. Grundsätzlich kann zur Kaufpreisermittlung entweder auf bereits vorhandene Jahresabschlussprüfungen zurückgegriffen werden, auf denen basierend ein fester Kaufpreis vereinbart wird (sog. Locked Box) oder es wird zunächst ein vorläufiger Kaufpreis vereinbart, der dann durch eine (Zwischen-)Abschlussprüfung zum Zeitpunkt des Closings an die gegebenen Umstände anpasst wird, so dass erst nach dieser Anpassung ein endgültiger Kaufpreis vorliegt (sog. Closing Accounts).[160] Dadurch, dass bei der Kaufpreisermittlung in Form von Closing Accounts für den endgültigen Kaufpreis der Zeitpunkt des Closings entscheidend ist, können durch dieses Vorgehen Risiken zwischen Signing und Closing berücksichtigt werden. Insofern kann durch Closing Accounts ein Schutz vor wesentlich nachteiligen Veränderungen zwischen Signing und Closing erreicht werden.[161]

Allerdings muss beachtet werden, dass durch Closing Accounts auf wesentlich nachteilige Veränderung nur mit einer Kaufpreisanpassung reagiert werden kann. Bei einer MAC-Klausel hingegen kann wie gesehen auf eine wesentlich nachteilige Veränderung auch mit anderen Rechtsfolgen reagiert werden. MAC-Klauseln sind daher flexibler.

VIII. Zusammenfassung

Ein effektiver Schutz vor wesentlich nachteiligen Veränderungen zwischen Signing und Closing kann am besten durch eine konkret ausgestaltete MAC-Klausel erreicht werden, weil dadurch Rechtssicherheit herbeigeführt wird. Der Vorteil einer solchen Klausel gegenüber anderen Möglichkeiten liegt

---

159 Wie gesehen können z.B. im Rahmen von externen nicht wirtschaftlichen Veränderungen auch Veränderungen erfasst werden, die durch höhere Gewalt hervorgerufen werden.
160 Siehe anschaulich zur Kaufpreisermittlung bei Unternehmenskäufen nur Kann, in: Kann, Unternehmenskauf, Kapitel II S. 55 ff.
161 Im Ergebnis so auch insbesondere Lappe/Schmitt, DB 2007, 153.

zum einen darin, dass durch MAC-Klauseln auf Tatbestandsseite auch nachteilige Veränderungen abgedeckt werden können, die außerhalb des Einflussbereiches der Parteien liegen, weswegen mit MAC-Klauseln ein umfassender Schutz erreicht werden kann. Zum anderen darin, dass auf Rechtsfolgenseite durch eine MAC-Klausel große Flexibilität besteht, so dass angemessen auf eine wesentlich nachteilige Veränderung reagiert werden kann. Zudem ist es dogmatisch am saubersten, wenn zukünftige Veränderungen durch eine MAC-Klausel geregelt werden.

E. Besonderheit bei öffentlichen Übernahmeangeboten

Aufgrund der Zunahme von börsennotierten Aktiengesellschaften ist auch der Unternehmenskauf in Form des Aktienerwerbs nicht zu vernachlässigen, bei dem das öffentliche Übernahmeangebot eine besondere Ausprägung darstellt.[162] Gem. § 29 I WpÜG ist das Übernahmeangebot ein Angebot, das auf den Erwerb der Kontrolle gerichtet ist. Im Endeffekt handelt es sich dabei also um ein Angebot eines Kaufinteressenten an die Aktionäre, ihre Aktien innerhalb eines bestimmten Zeitraumes für eine bestimmte Gegenleistung, Geld oder Aktien an dem Kaufinteressenten, übernehmen zu wollen.[163] Gem. § 29 II WpÜG ist zu beachten, dass Kontrolle das Halten von mindestens 30 Prozent der Stimmrechte an der Zielgesellschaft bedeutet.

In diesem Zusammenhang sind einige Besonderheiten zu beachten, die sich aus dem WpÜG ergeben. Im Folgenden sollen auf diese Besonderheiten eingegangen werden, insbesondere wie sich diese auf die Ausgestaltung einer wirksamen MAC-Klausel auswirken.

I. Ausgangslage

Der Ablauf des vom Bieter einzuhaltenden Übernahmeverfahrens nach dem WpÜG lässt sich in eine Vorbereitungsphase, eine Phase der Bekanntgabe der Entscheidung zur Abgabe des Angebotes (§ 10 WpÜG), eine Phase der Erstellung und Veröffentlichung der Angebotsunterlage (§§ 11, 14 WpÜG), eine Angebotsphase (§§ 16 ff. WpÜG) und eine Verlängerungsphase einteilen.[164]

Gem. § 16 I 1 WpÜG darf die Frist für die Annahme des Angebotes nicht weniger als vier Wochen und nicht mehr als zehn Wochen betragen. Die Aktionäre, die das Angebot nicht angenommen haben, können es noch innerhalb von zwei Wochen annehmen, wenn feststeht, dass das Übernahmeangebot

---

162 Ähnlich insbesondere Holzapfel/Pöllath, Unternehmenskauf, Rn. 372.
163 Vgl. nur Mueller-Thuns, in: Rödder/Hötzel/Mueller-Thuns, Unternehmenskauf, § 2 Rn. 21, im Zusammenhang mit einem öffentlichen Kaufangebot.
164 Vgl. Buermeyer, Bedingungen in öffentlichen Übernahmeangeboten, S. 60 (Tabelle 5) m.w.N.

erfolgreich war, § 16 II WpÜG. Von der eigentlichen Abgabe des Übernahmeangebotes bis zum Ablauf der Annahmefrist kann deshalb ein Zeitraum von bis zu drei Monaten bestehen.[165] Insofern besteht also, ähnlich wie beim nicht öffentlichen Unternehmenskauf, dort wegen des Auseinanderfallens von Signing und Closing, ein langer Zeitraum, bei dem es zu wesentlich nachteiligen Veränderungen beim Zielunternehmen kommen kann, die bei Eintritt gerade aus Sicht des Käufers dazu beitragen können, dass er nicht mehr an seinem Angebot festhalten will.[166] Grundsätzlich muss aber beachtet werden, dass der Bieter an sein Angebot gebunden ist.[167]

II. Problem der gesetzlichen Risikoverteilung

Tritt eine wesentlich nachteilige Veränderung zwischen Abgabe des Angebotes und Ende der Annahmefrist ein, könnte auch in diesem Zusammenhang an das Rechtsinstitut der Störung der Geschäftsgrundlage gem. § 313 BGB gedacht werden. Dies hätte für den Bieter zur Folge, dass er, trotz des Grundsatzes, dass er an sein Angebot gebunden ist, sich von seinem so abgegebenen Angebot lösen könnte.

Fraglich ist aber, ob dieses gesetzliche Rechtsinstitut überhaupt im Rahmen eines öffentlichen Übernahmeangebotes zur Anwendung kommen kann. Denn rein vom Wortlaut her betrachtet setzt § 313 BGB ein Vertragsschluss voraus, der bei einer Abgabe eines öffentlichen Übernahmeangebotes gerade noch nicht gegeben ist.[168] Wenn allerdings schon ein abgeschlossener Vertrag aufgehoben werden kann, dann muss erst Recht eine Lösung von einem bindenden Angebot möglich sein, weil das Lösen von einem bindenden Angebot weniger einschneidend ist, als eine Vertragsauflösung.[169] Insofern dürfte wohl davon auszugehen sein, dass die Störung

---

165 Siehe zum gesamten zeitlichen Ablauf eines Übernahmeverfahrens anschaulich Buermeyer, Bedingungen in öffentlichen Übernahmeangeboten, S. 63 (Tabelle 6) m.w.N.
166 Im Ergebnis so auch stellvertretend für viele Buermeyer, Bedingungen in öffentlichen Übernahmeangeboten, S. 63 f.; Berger/Filgut, WM 2005, 253; Hopt, in: FS Schmidt, 681 (683 f.).
167 Vgl. nur BT-Drucks. 14/7034, 47.
168 Vgl. zum gleichen Gedanken nur Berger/Filgut, WM 2005, 253 (256 m.w.N.).
169 Vgl. zum gleichen Gedanken insbesondere Badura, MAC-Klauseln, S. 208.

der Geschäftsgrundlage gem. § 313 BGB auch im Rahmen eines öffentlichen Übernahmeangebotes zur Anwendung kommt. Sicher ist dies allerdings keinesfalls.[170] Selbst wenn allerdings von der Anwendung des Rechtsinstitutes der Störung der Geschäftsgrundlage gem. § 313 BGB im Rahmen eines öffentlichen Übernahmeangebotes ausgegangen wird, ergeben sich aber auch in diesem Zusammenhang die bereits dargestellten Schwächen dieses Rechtsinstitutes. Aus diesen Gründen kann auch im Rahmen eines öffentlichen Übernahmeangebotes nicht empfohlen werden, sich auf das Rechtsinstitut der Störung der Geschäftsgrundlage zu verlassen.

III. Einschränkung des Grundsatzes der Privatautonomie

Da überwiegend vertreten wird, dass die Aufnahme einer MAC-Klausel in eine Angebotsunterlage grundsätzlich zulässig ist,[171] liegt es nahe zu dem Schluss zu kommen, dass auch mit der Aufnahme einer MAC-Klausel in ein Übernahmeangebot ein effektiver Schutz vor wesentlich nachteiligen Veränderungen zwischen Abgabe des Angebotes und Ende der Annahmefrist erreicht werden kann.

Allerdings muss beachtet werden, dass es bei öffentlichen Übernahmeangeboten nicht nur wie beim nicht öffentlichen Unternehmenskauf um die Interessen von Käufer und Verkäufer geht, sondern der betroffene Personenkreis viel größer ist, da es bei diesem auch um die Interessen des Managements, der Aktionäre, der Arbeitnehmer und der Gläubiger der Zielgesellschaft, sowie um den Kapitalmarkt geht.[172] So muss z.B. beachtet werden, dass das Management gem. § 27 I 1 WpÜG eine begründete Stellungnahme zu dem Angebot abzugeben hat und bei einem Übernahmeangebot gem. § 33 WpÜG den dort genannten Vorgaben unterliegt, oder, dass

---

170 Für eine grundsätzliche Anwendbarkeit des § 313 BGB im Rahmen des WpÜG vgl. stellvertretend für viele Berger/Filgut, WM 2005, 253 (256 m.w.N.); Hopt, in: FS Schmidt, 681 (692 m.w.N.); Badura, MAC-Klauseln, S. 221 m.w.N.; wohl eher gegen eine grundsätzliche Anwendbarkeit des § 313 BGB im Rahmen des WpÜG Hasselbach, in: KK-WpÜG, § 18 Rn. 100.
171 So auch stellvertretend für viele Steinmeyer, in: Steinmeyer, WpÜG, § 18 Rn. 24 m.w.N.; Wackerbarth, in: MüKo, AktG, Band 6, § 18 WpÜG Rn. 50 m.w.N.; Krause/Favoccia, in: Assmann/Pötzsch/Schneider, WpÜG, § 18 Rn. 89 m.w.N.
172 Vgl. nur Hopt, in: FS Schmidt, 681 (689).

ein Angebot grundsätzlich erhebliche Auswirkungen auf den Börsenkurs der Zielgesellschaft hat.[173] Insofern gilt, dass sich auch dieser Personenkreis auf klare Verhältnisse einstellen können muss, woraus folgt, dass der Fortbestand des Übernahmeangebotes nicht alleine vom Käufer bzw. Bieter abhängen darf.[174]

Ergebnis dessen ist, dass im Rahmen eines öffentlichen Übernahmeangebotes der Grundsatz der Privatautonomie eingeschränkt werden muss.[175] Der Bieter hat im Rahmen eines öffentlichen Übernahmeangebotes im Hinblick auf die Ausgestaltung einer MAC-Klausel nicht dieselben Gestaltungsfreiheiten, wie ein Käufer im Rahmen eines nicht öffentlichen Unternehmenskaufes. Insofern kann auch nicht einfach behauptet werden, dass mit der Aufnahme einer MAC-Klausel in ein Übernahmeangebot für den Zeitraum zwischen Abgabe des Angebotes und Ende der Annahmefrist ein genauso effektiver Schutz vor wesentlich nachteiligen Veränderungen erreicht werden kann wie dies bei einem nicht öffentlichen Unternehmenskauf für den Zeitraum zwischen Signing und Closing der Fall ist. Vielmehr gilt es bei der Ausgestaltung einer MAC-Klausel in einem öffentlichen Übernahmeangebot bestimmte Dinge zu beachten. Welche dies sind und ob dadurch überhaupt noch mit der Aufnahme einer MAC-Klausel in ein Übernahmeangebot ein effektiver Schutz vor wesentlich nachteiligen Veränderungen zwischen Abgabe des Angebotes und Ende der Annahmefrist erreicht werden kann, soll im Folgenden geklärt werden.

IV. Ausgestaltung einer wirksamen MAC-Klausel

MAC-Klauseln in öffentlichen Übernahmeangeboten können, wie noch gezeigt werden wird, nur als Bedingungen formuliert werden.[176] Daher

---

173 Vgl. zu den einzelnen Auswirkungen eines Übernahmeangebotes insbesondere Berger/Filgut, WM 2005, 253 f. m.w.N.
174 Vgl. zum gleichen Gedanken Hasselbach/Wirtz, BB 2005, 842 (843).
175 Im Ergebnis so auch Hopt, in: FS Schmidt, 681 (689); Henssler, in: FS Huber, 739 (751).
176 Siehe dazu E. IV. 2.

ist hinsichtlich der Ausgestaltung einer wirksamen MAC-Klausel zentrale Norm § 18 WpÜG.[177]

Gem. § 18 I WpÜG darf ein Angebot vorbehaltlich § 25 WpÜG, also des Zustandekommens eines Beschlusses der Gesellschafterversammlung, nicht von Bedingungen abhängig gemacht werden, deren Eintritt der Bieter, mit ihm gemeinsam handelnde Personen oder deren Tochterunternehmen oder im Zusammenhang mit dem Angebot für diese Personen oder Unternehmen tätige Berater ausschließlich selbst herbeiführen können. Bezogen auf MAC-Klauseln bedeutet dies, dass das Angebot nur dann vom Nichteintritt wesentlich nachteiliger Veränderungen abhängig gemacht werden kann, wenn die Herbeiführung dieser wesentlich nachteiligen Veränderung nicht ausschließlich im Einflussbereich des Bieters oder ihm zurechenbarer Personen steht.[178] Gem. § 18 II WpÜG ist ein Angebot, das unter dem Vorbehalt des Widerrufs oder des Rücktritts abgegeben wird, unzulässig.

Im Folgenden soll daher im Hinblick auf diese Vorschrift geklärt werden, was bei der Ausgestaltung des Tatbestands und der Rechtsfolge einer MAC-Klausel beachtet werden muss. Abschließend soll noch geklärt werden, ob sich diese Vorschrift auch auf den zeitlichen Rahmen einer MAC-Klausel auswirkt.

1. Tatbestand

Wie bekannt ist wesentliches Tatbestandsmerkmal einer MAC-Klausel eine wesentlich nachteilige Veränderung.

a. Nachteilige Veränderung

Die nachteilige Veränderung kann sich wie gesehen auf interne, externe wirtschaftliche und externe nicht wirtschaftliche Umstände beziehen. In den beiden zuletzt genannten Fällen erscheint es so gut wie unmöglich, dass der Bieter eine solche ausschließlich selbst herbeiführen kann. Wie soll der Bieter z.B. eine Inflation oder eine Naturkatastrophe ausschließlich selbst

---

177 Zwar gilt § 18 WpÜG unmittelbar nur für Angebote zum Erwerb von Wertpapieren gem. §§ 10 ff. WpÜG. Allerdings ist § 18 WpÜG über den Verweis gem. § 34 WpÜG auch auf Übernahmeangebote anwendbar, da sich aus dem vierten Abschnitt des WpÜG nichts anderes ergibt.
178 Vgl. zum gleichen Gedanken insbesondere Badura, MAC-Klauseln, S. 126.

herbeiführen? Insofern verstößt eine externe wirtschaftliche und externe nicht wirtschaftliche Veränderung nicht gegen § 18 I WpÜG, weshalb eine solche auch ohne Probleme im Rahmen eines öffentlichen Übernahmeangebots in einer MAC-Klausel als nachteilige Veränderung aufgenommen werden kann.

Nicht ganz so eindeutig verhält es sich bei einer internen Veränderung. Denn im Rahmen einer solchen erscheint es zumindest nicht völlig unmöglich, dass der Bieter ausschließlich selbst eine nachteilige Veränderung herbeiführen kann. So kann z.b. die Stornierung eines Großauftrages durch den Bieter, den dieser aufgrund intensiver Geschäftsbedingungen mit dem Zielunternehmen abgeschlossen hat, zu einer deutlichen Verschlechterung der Vermögens-, Finanz- und Ertragslage führen.[179] Allerdings dürfte es sich dabei um sehr seltene Fälle handeln.

Im Ergebnis ist es daher zutreffend, davon auszugehen, dass grundsätzlich eine interne, externe wirtschaftliche und externe nicht wirtschaftliche Veränderung nicht gegen § 18 I WpÜG verstößt, da der Bieter den Eintritt der Bedingung nicht ausschließlich selbst herbeiführen kann.[180] Bei der Ausgestaltung der nachteiligen Veränderung ergeben sich für den Bieter also so gut wie keine Einschränkungen.

b. Wesentlichkeit

Deutlichere Einschränkungen hinsichtlich des Gestaltungsspielraumes ergeben sich allerdings im Rahmen der Wesentlichkeit. Dies insbesondere wegen des Bestimmtheitsgebotes.

Zwar lässt sich dem Wortlaut des § 18 WpÜG nicht entnehmen, dass eine Lösung des Bieters von seinem Angebot nur dann möglich sein soll, wenn die Voraussetzungen eines präzise formulierten und objektiv nachvollziehbaren Tatbestands gegeben sind, allerdings lässt sich eine solche Voraussetzung aus

---

179 Vgl. zu diesem Gedanken Badura, MAC-Klauseln, S. 127.
180 So wohl auch Steinmeyer, in: Steinmeyer, WpÜG, § 18 Rn. 24. Im Zusammenhang mit öffentlichen Übernahmeangeboten wird auch nur von Company (Target) MAC oder Economy (Market) MAC gesprochen, vgl. nur Hopt, in: FS Schmidt, 681 (688 m.w.N.), der in diesem Zusammenhang noch darauf hinweist, dass unter bestimmten Umständen auch eine Verwirklichung eines Risikos, dass im Herkunftsbereich des Bieters steht, eine nachteilige Veränderung herbeiführen kann (sog. Bidder MAC).

dem Sinn und Zweck des § 18 I WpÜG entnehmen.[181] Denn § 18 WpÜG beruht auf dem Rechtsgedanken, „dass die besondere Belastung der Zielgesellschaft durch ein öffentliches Angebot nur dann gerechtfertigt ist, wenn der Bieter rechtsgeschäftlich unbedingt gebunden ist".[182] Ist aber durch die Aufnahme einer MAC-Klausel in das Angebot unklar, wann überhaupt eine nachteilige Veränderung wesentlich sein soll bzw. eine wesentlich nachteilige Veränderung vorliegt, ist auch unklar, ob bzw. in welchen Fällen der Bieter an sein Angebot gebunden ist. Insofern muss eine wesentlich nachteilige Veränderung eindeutig formuliert sein, in dem Sinne, dass objektiv und rechtssicher feststellbar ist, wann eine wesentlich nachteilige Veränderung vorliegt.[183] Daraus folgt auch, dass in diesem Zusammenhang kein Beurteilungsspielraum bestehen darf.[184]

Insofern ist eine allgemeine Formulierung, z.B. in dem Sinne, dass eine „wesentliche, bei Abgabe des Angebots nicht vorhersehbare Verschlechterung der wirtschaftlichen Lage der Zielgesellschaft" zu unbestimmt und somit unzulässig.[185] In einem solchen Falle wäre nämlich nicht klar, wann die nachteilige Veränderung wesentlich ist bzw. eine wesentlich nachteilige Veränderung vorliegt. Vielmehr würde sich bei einer solchen Ausgestaltung ein Beurteilungsspielraum ergeben, der ja gerade vermieden werden muss.[186] Im

---

181 Siehe zum Bestimmtheitsgebot stellvertretend für viele Hasselbach, in: KK-WpÜG, § 18 Rn. 23; Krause/Favoccia, in: Assmann/Pötzsch/Schneider, WpÜG, § 18 Rn. 31 m.w.N.; Steinmeyer, in: Steinmeyer, WpÜG, § 18 Rn. 9 m.w.N.
182 Oechsler, in: Ehricke/Ekkenga/Oechsler, WpÜG, § 18 Rn. 1.
183 Im Ergebnis so auch stellvertretend für viele Hopt, in: FS Schmidt, 681 (696); Berger/Filgut, WM 2005, 253 (256); Henssler, in: FS Huber, 739 (751).
184 Vgl. zum gleichen Gedanken nur Wackerbarth, in: MüKo, AktG, Band 6, § 18 WpÜG Rn. 50; a.A. Hasselbach, in: KK-WpÜG, § 18 Rn. 58, der auch einen geringen Einschätzungs- oder Beurteilungsspielraum des Bieters anerkennt.
185 Hasselbach, in: KK-WpÜG, § 18 Rn. 58; Hasselbach/Wirtz, BB 2005, 842 (843).
186 Die Feststellung, ob in dem konkreten Fall eine wesentlich nachteilige Veränderung vorliegt, kann auch nicht der BaFin überlassen werden, da die BaFin keine Befugnis zur Feststellung besitzt, ob eine wesentlich nachteilige Veränderung vorliegt, vgl. nur Krause/Favoccia, in: Assmann/Pötzsch/Schneider, WpÜG, § 18 Rn. 90. Vertreten wird aber, dass die Feststellung einer wesentlich nachteiligen Veränderung durch einen neutralen, sachverständigen Gutachter vorgenommen werden kann, der nicht dem Einflussbereich des Bieters zugeordnet werden kann, vgl. nur Steinmeyer, in: Steinmeyer, WpÜG, § 18 Rn. 25 m.w.N.

Hinblick auf eine konkrete Definition wird daher empfohlen auf Schwellenwerte (z.b. Gewinnrückgang von mehr als 10 Prozent) zurückzugreifen.[187] Weiterhin wird gefordert, dass eine gewisse Wesentlichkeitsschwelle bzw. Erheblichkeit erreicht werden muss.[188] Zwar sieht auch dies § 18 I WpÜG nicht ausdrücklich vor, allerdings kann nicht jede nachteilige Veränderung die Lösung des so vom Bieter abgegeben Angebots zur Folge haben, da sonst die gerade vom Sinn und Zweck des § 18 I WpÜG geforderte Bindung an sein Angebot unterlaufen werden würde.[189] Dies bedeutet allerdings nicht, dass die Wesentlichkeit nur dann angenommen werden kann, wenn die Fortführung des Angebotsverfahrens unzumutbar im Sinne von § 313 BGB ist, da sonst gerade wieder Rechtsunsicherheit herbeigeführt werden würde, was durch die Aufnahme einer MAC-Klausel gerade vermieden werden soll.[190]

Nichtsdestotrotz ist im Endeffekt der Gestaltungsspielraum des Bieters im Hinblick auf den Tatbestand einer MAC-Klausel in einem öffentlichen Übernahmeangebot eingeschränkt, da er den Begriff der wesentlich nachteiligen Veränderung nicht allgemein definieren kann und er auf Wesentlichkeitsschwellen achten muss.

---

187 Vgl. nur Hasselbach/Wirtz, BB 2005, 842 (843 m.w.N.). Bei in Übernahmeangeboten enthaltenen MAC-Klauseln wird in der Praxis aber nicht nur an Schwellenwerte bzw. Grenzwerte angeknüpft, sondern genauso oft auch an die Veröffentlichung Ad-hoc-pflichtiger Insiderinformationen i.S.v. § 15 WpHG, wie auch an eine wesentliche Verschlechterung der Geschäfts- oder Finanzlage, vgl. dazu insbesondere Hornuf/Zanconato, ZBB/JBB 2011, 412 (416 und Abbildung 4 auf S. 415).

188 Vgl. stellvertretend für viele Buermeyer, Bedingungen in öffentlichen Übernahmeangeboten, S. 216; Krause/Favoccia, in: Assmann/Pötzsch/Schneider, WpÜG, § 18 Rn. 89 m.w.N.; Busch, AG 2002, 145 (151).

189 Vgl. zum gleichen Gedanken insbesondere Buermeyer, Bedingungen in öffentlichen Übernahmeangeboten, S. 216.

190 Vgl. zum gleichen Gedanken insbesondere Buermeyer, Bedingungen in öffentlichen Übernahmeangeboten, S. 217; a.A. Hasselbach, in: KK-WpÜG, § 18 Rn. 62, der eine Berufung auf MAC-Klauseln mit Blick auf § 18 II WpÜG nur dann für zulässig erachtet, „wenn bei der Zielgesellschaft eine sehr gravierende, einem Fall der Störung der Geschäftsgrundlage (§ 313 Abs. 1 BGB) zumindest nahe kommende Verschlechterung der wirtschaftlichen Lage eingetreten ist".

2. Rechtsfolge

Aus § 18 WpÜG könnte auch folgen, dass der Gestaltungsspielraum des Bieters im Hinblick auf die Rechtsfolge einer MAC-Klausel in einem öffentlichen Übernahmeangebot eingeschränkt ist. Denn zum einen regelt § 18 II WpÜG, das ein Angebot, das unter dem Vorbehalt des Widerrufs oder des Rücktritts abgegeben wird, unzulässig ist. Zum anderen lässt sich im Umkehrschluss zu § 18 I WpÜG entnehmen, dass nur Bedingungen, die nicht unter die Restriktion des § 18 I WpÜG fallen, in ein öffentliches Übernahmeangebot als Rechtsfolge aufgenommen werden können.[191] Insofern verwundert es auch nicht, dass MAC-Klauseln in veröffentlichten Übernahmeangeboten als Bedingungen ausgestaltet sind.[192]

Vergegenwärtigt man sich an dieser Stelle noch einmal der Rechtsgedanke des § 18 WpÜG, nämlich die rechtsgeschäftlich unbedingte Bindung an das vom Bieter abgegebene Angebot, so ergibt sich auch daraus, dass tatsächlich Rechtsfolge einer MAC-Klausel in einem öffentlichen Übernahmeangebot nur eine Bedingung sein kann.[193] Denn bei der Ausgestaltung der Rechtsfolge als Rücktrittsrecht wäre dem Bieter ein gewisser Spielraum eröffnet, da er die Möglichkeit hätte bei einer wesentlich nachteiligen Veränderung zurückzutreten, dies aber nicht zwingend müsste, was aber gerade einer unbedingten Bindung entgegenlaufen würde.[194] Auch eine Ausgestaltung der Rechtsfolge durch Anpassung, Minderung oder Schadenersatz lässt sich

---

191 Vgl. zum gleichen Gedanken Badura, MAC-Klauseln, S. 25. Ob es sich dabei um eine auflösende oder aufschiebende Bedingung handelt ist egal, vgl. stellvertretend für viele Steinmeyer, in: Steinmeyer, WpÜG, § 18 Rn. 3; Wackerbarth, in: MüKo, AktG, Band 6, § 18 WpÜG Rn. 7; Hasselbach, in: KK-WpÜG, § 18 Rn. 24 m.w.N.; a.A. wohl Oechsler, in: Ehricke/Ekkenga/Oechsler, WpÜG, § 18 Rn. 2, der nur von Bedingungen i.S.v. § 158 I BGB, also von aufschiebenden Bedingungen, spricht.
192 Vgl. insbesondere Hornuf/Zanconato, ZBB/JBB 2011, 412 (416). Die Angebotsunterlagen sind abrufbar unter http://www.bafin.de/SharedDocs/Veröffentlichungen/DE/Liste/WPUeG/li_angebotsunterlagen_wpueg_14.html, zuletzt abgerufen am 28.05.2015.
193 Im Ergebnis so auch stellvertretend für viele Berger/Filgut, WM 2005, 253 (260); Henssler, in: FS Huber, 739 (751 f.); Badura, MAC-Klauseln, S. 125.
194 Vgl. zum gleichen Gedanken insbesondere Berger/Filgut, WM 2005, 253 (260).

nicht mit dem Rechtsgedanken des § 18 WpÜG vereinbaren.[195] Denn bei einem öffentlichen Übernahmeangebot soll sich ein großer Personenkreis auf klare Verhältnisse einstellen können, was bedeutet, dass sich dieser Personenkreis auf das so abgegebene Angebot des Bieters einstellen können muss. Dies hat zur Folge, dass sich dieser Personenkreis darauf verlassen können muss, dass das abgegebene Angebot des Bieters auch so Bestand haben wird, wie es abgegeben wurde. Kann aber nach Abgabe des Angebotes wegen einer MAC-Klausel der Bieter sein Angebot anpassen, oder seine Gegenleistung mindern oder Schadenersatz verlangen, wäre gerade diese Sicherheit beeinträchtigt.

Insofern ist also auch der Gestaltungsspielraum des Bieters im Hinblick auf die Rechtsfolge einer MAC-Klausel in einem öffentlichen Übernahmeangebot eingeschränkt, da er die Rechtsfolge nur als Bedingung ausgestalten kann.

3. Zeitlicher Rahmen

Zuletzt stellt sich im Rahmen der Ausgestaltung einer wirksamen MAC-Klausel in einem öffentlichen Übernahmeangebot noch die Frage, bis zu welchem Zeitpunkt die wesentlich nachteilige Veränderung eingetreten sein muss, also die Frage nach dem zeitlichen Rahmen.

Während bei nicht öffentlichen Unternehmenskäufen wegen der Vertragsfreiheit der zeitliche Rahmen einer MAC-Klausel frei ausgestaltet werden kann, könnte sich im Rahmen eines öffentlichen Übernahmeangebotes insbesondere wegen § 18 I WpÜG auch diesbezüglich eine Einschränkung ergeben. Zwar regelt der Wortlaut des § 18 I WpÜG nicht den zeitlichen Rahmen, allerdings ergibt sich ein solcher aus dem Sinn und Zweck dieser Vorschrift.[196] Denn dadurch, dass der Rechtgedanke darauf beruht, dass der Bieter grundsätzlich an sein Angebot gebunden ist, können bedingte Angebote auch nur unter engen Voraussetzungen abgegeben werden.[197]

---

195 Für eine Unzulässigkeit solcher Rechtsfolgen in diesem Zusammenhang auch Badura, MAC-Klauseln, S. 88 ff.
196 Vgl. zum gleichen Gedanken insbesondere Berger/Filgut, WM 2005, 253 (257).
197 Vgl. insbesondere BT-Drucks. 14/7034, 47.

Dies spricht ganz klar für einen engen zeitlichen Rahmen.[198] Insofern muss die Bedingung der wesentlich nachteiligen Veränderung bis zum Ende der Annahmefrist eingetreten sein.[199]

Eine Ausnahme bezüglich der engen Voraussetzungen in Bezug auf den zeitlichen Rahmen von bedingten Angeboten gilt es aber im Hinblick auf eine kartellrechtliche Genehmigung zu machen, da eine kartellrechtliche Genehmigung Voraussetzung für den Vollzug des Zusammenschlusses gem. § 41 I 1 GWB ist.[200] Konsequenterweise folgt daraus, dass in Fällen, in denen das öffentliche Übernahmeangebot neben der MAC-Klausel noch die Bedingung der kartellrechtlichen Freigabe beinhaltet, auch der zeitliche Rahmen für den Eintritt einer wesentlich nachteiligen Veränderung bis zur Erteilung bzw. Versagung der kartellrechtlichen Genehmigung verlängert werden kann bzw. muss.[201]

Insofern ergeben sich im Rahmen eines öffentlichen Übernahmeangebotes auch Einschränkungen bei der Ausgestaltung im Hinblick auf den Anwendungszeitraum einer MAC-Klausel, da, abgesehen von dem Fall, bei dem eine kartellrechtliche Genehmigung erforderlich ist, zeitliche Schranke für den Eintritt einer wesentlich nachteiligen Veränderung das Ende der Annahmefrist ist.

V. Stellungnahme

Im Vergleich zur Ausgestaltung einer MAC-Klausel in einem nicht öffentlichen Unternehmenskaufvertrag bestehen bei der Ausgestaltung einer

---

198 Im Ergebnis so auch Berger/Filgut, WM 2005, 253 (257), der zu diesem Ergebnis auch durch eine historische und weitergehende teleologische, sowie durch eine rechtsvergleichende Auslegung gelangt.
199 Im Ergebnis so auch stellvertretend für viele Berger/Filgut, WM 2005, 253 (258); Hasselbach/Wirtz, BB 2005, 842 (846 m.w.N.); Hopt, in: FS Schmidt, 681 (699 m.w.N.).
200 Vgl. nur Berger/Filgut, WM 2005, 253 (258 m.w.N.); a.A. Hopt, in: FS Schmidt, 681 (699 f. m.w.N.), der die Ausnahme des Kartellvorbehaltes auch auf andere behördliche Genehmigungsverfahren erstrecken will.
201 Im Ergebnis so auch insbesondere Busch, AG 2002, 145 (151); a.A. Berger/Filgut, WM 2005, 253 (258 f.), die der Ansicht sind, dass „die Bedingung der kartellrechtlichen Freigabe die zeitliche Schranke für eine MAC-Bedingung unberührt" lässt.

MAC-Klausel in einem öffentlichen Übernahmeangebot Einschränkungen. Hintergrund für diese Einschränkungen sind die schützenswerten Interessen des Managements, der Aktionäre, der Arbeitnehmer und der Gläubiger der Zielgesellschaft, sowie des Kapitalmarktes. Im Bereich des Tatbestands ergibt sich die größte Einschränkung daraus, dass der Begriff der wesentlich nachteiligen Veränderung nicht allgemein definiert werden kann, im Bereich der Rechtsfolge daraus, dass die Rechtsfolge nur als Bedingung ausgestaltet werden kann und im Bereich des zeitlichen Rahmens daraus, dass grundsätzlich zeitliche Schranke für den Eintritt einer wesentlich nachteiligen Veränderung das Ende der Annahmefrist ist. Von diesen Einschränkungen geht im Ergebnis auch die BaFin als zuständige Aufsichtsbehörde bei öffentlichen Übernahmeangeboten aus.[202]

Die Fragen die sich in diesem Zusammenhang nun stellen sind zum einen, ob es aufgrund der Vielzahl von Einschränkungen überhaupt noch Sinn macht, in einem öffentlichen Übernahmeangebot eine MAC-Klausel aufzunehmen, zum anderen, ob sich die genannten Einschränkungen überhaupt nachteilig auf den Bieter auswirken. Zur Beantwortung dieser Fragen ist eine vergleichende Betrachtungsweise mit der Ausgestaltung einer MAC-Klausel bei einem nicht öffentlichen Unternehmenskauf, bei dem diese Einschränkungen nicht gelten, hilfreich.

Wie bereits aufgezeigt ist der Käufer bei der Ausgestaltung einer MAC-Klausel im Rahmen eines nicht öffentlichen Unternehmenskaufes gut beraten, wenn er die wesentlich nachteilige Veränderung nicht allgemein definiert, da sich sonst für ihn durch die Aufnahme einer solchen Klausel zu der gesetzlichen Regelung so gut wie keine Vorteile ergeben. Insofern „verbietet" sich also auch bei einem nicht öffentlichen Unternehmenskauf, genauso wie bei einem öffentlichen Übernahmeangebot, im Rahmen des Tatbestands die wesentlich nachteilige Veränderung allgemein zu definieren. Im Hinblick auf den Tatbestand ergibt sich also, dass die Einschränkung, die diesbezüglich im Rahmen eines öffentlichen Übernahmeangebotes bei der Ausgestaltung einer MAC-Klausel zu beachten ist, nicht nachteilhaft ist.

---

202 So auch insbesondere Hasselbach/Wirtz, BB 2005, 842 (843 ff. m.w.N.).

Auch bei genauerem Blick auf die Rechtsfolge ergibt sich, dass die Einschränkung, die diesbezüglich im Rahmen eines öffentlichen Übernahmeangebotes bei der Ausgestaltung einer MAC-Klausel zu beachten ist, sich nicht unbedingt nachteilhaft auswirken muss. Denn auch im Rahmen eines nicht öffentlichen Unternehmenskaufes wird als Rechtsfolge einer MAC-Klausel nicht selten eine Bedingung vereinbart. Dies zeigt, dass diese Ausgestaltung der Rechtsfolge durchaus begehrt ist und zum gewünschten Ergebnis führen kann.

Nachteilhaft könnte sich allerdings bei der Ausgestaltung einer MAC-Klausel in Bezug auf ein öffentliches Übernahmeangebot die Einschränkung, die beim zeitlichen Rahmen zu beachten ist, nämlich dass für den Eintritt einer wesentlich nachteiligen Veränderung das Ende der Annahmefrist ausschlaggebend ist, auswirken. Denn die Übertragung der Aktien, mit der das Eigentum an den Aktien auf den Bieter übergeht, erfolgt erst nach Ablauf der Annahmefrist und Eintritt der Bedingungen.[203] Insofern könnte ein Zeitraum zwischen Ablauf der Annahmefrist und Eintritt der Bedingung entstehen, in dem eine wesentlich nachteilige Veränderung eintreten könnte, die nicht von der MAC-Klausel umfasst wäre. Allerdings muss der Grundsatz beachtet werden, dass Bedingungen in diesem Zusammenhang nur dann zulässig sind, wenn über ihren Eintritt bzw. Ausfall spätestens am Ende der Annahmefrist Sicherheit besteht.[204] Abgesehen vom Sonderfall der kartellrechtlichen Genehmigung, bei dem aber der zeitliche Rahmen einer MAC-Klausel wie gesehen ausnahmsweise ausgedehnt werden kann, kann also der Erwerb grundsätzlich unmittelbar nach Ablauf der Annahmefrist vollzogen werden. Ein Vergleich mit dem nicht öffentlichen Unternehmenskauf, bei dem im Hinblick auf den zeitlichen Rahmen bei der Ausgestaltung einer MAC-Klausel keine Einschränkung zu beachten ist, zeigt, dass sich die Einschränkung nicht wirklich nachteilhaft auswirkt. Denn beim nicht öffentlichen Unternehmenskauf wird der zeitliche Rahmen im Hinblick auf die Ausgestaltung einer MAC-Klausel wohl hauptsächlich auch darauf hinauslaufen, dass die wesentlich nachteilige Veränderung bis Vollzug, also bis Closing, eingetreten sein muss, da der Käufer nach dem Closing den

---

203 Vgl. zur Abwicklung eines Übernahmeangebotes nur Bouchon/Müller-Michaels, in: Hölters, Unternehmenskauf, Teil 11 Rn. 11.105 f.
204 Vgl. nur Steinmeyer, in: Steinmeyer, WpÜG, § 18 Rn. 33 m.w.N.

Einflussbereich auf das Unternehmen hat und es am interessengerechtesten ist, dass derjenige, der Einfluss auf das Unternehmen hat, auch das Risiko für nachteilige Veränderungen trägt.

Im Ergebnis kann also festgehalten werden, dass sich die Einschränkungen, die bei der Ausgestaltung einer MAC-Klausel bei einem öffentlichen Übernahmeangebot zu beachten sind, nicht wesentlich nachteilhaft auswirken. Daher stehen diese Einschränkungen auch nicht der Aufnahme einer solchen Klausel in ein öffentliches Übernahmeangebot im Wege. Vielmehr macht es sogar Sinn, solche Klauseln in einem öffentlichen Übernahmeangebot aufzunehmen, da dadurch mehrere Vorteile erreicht werden können.

Zum einen besteht zwischen Abgabe des Übernahmeangebotes bis zum Ablauf der Annahmefrist ein langer Zeitraum, bei dem es zu wesentlich nachteiligen Veränderungen beim Zielunternehmen kommen kann, die gerade aus Sicht des Bieters dazu beitragen können, dass er nicht mehr an seinem Angebot festhalten will. Um auf diese Situation angemessen reagieren zu können, eignen sich MAC-Klauseln hervorragend.

Zum anderen ist unklar, ob im Rahmen eines öffentlichen Übernahmeangebotes die gesetzliche Risikoverteilung in Form der Störung der Geschäftsgrundlage gem. § 313 BGB überhaupt Anwendung findet, weshalb mit einer ausdrücklichen Regelung durch eine MAC-Klausel größere Rechtssicherheit geschaffen werden kann.[205]

Nicht zu vergessen ist auch der Umstand, dass der Bieter bei einem Übernahmeangebot, das nicht mit der Zielgesellschaft abgestimmt wurde, keine Möglichkeit für eine Due Diligence-Prüfung hat, so dass er das Risiko einer wesentlich nachteiligen Veränderung bei der Zielgesellschaft nur schlecht abschätzen kann.[206] Auch hier kann durch eine MAC-Klausel Abhilfe geschaffen werden.

Insofern macht es also durchaus Sinn, solche Klauseln in einem öffentlichen Übernahmeangebot aufzunehmen.

---

205 So auch insbesondere Hasselbach/Wirtz, BB 2005, 842 (843).
206 Vgl. zum gleichen Gedanken insbesondere Hopt, in: FS Schmidt, 681 (684); Hasselbach/Wirtz, BB 2005, 842 (843).

F. Fazit

Als gesetzlicher Anknüpfungspunkt für eine wesentlich nachteilige Veränderung zwischen Signing und Closing bzw. zwischen Abgabe des Übernahmeangebotes und Ablauf der Annahmefrist die sich auf das Zielunternehmen auswirkt, bleibt, wenn überhaupt, nur das Rechtsinstitut der Störung der Geschäftsgrundlage gem. § 313 BGB.

Gerade vor dem Hintergrund der deutlichen Schwächen einer Störung der Geschäftsgrundlage und dem Umstand, dass im Rahmen eines öffentlichen Übernahmeangebotes unklar ist, ob eine Störung der Geschäftsgrundlage überhaupt Anwendung findet, kann sich auf dieses Rechtsinstitut nicht verlassen werden. Um dem Interesse des Mandanten gerecht zu werden, muss daher aus diesem Grund im Rahmen des Unternehmenskaufvertrages bzw. im Rahmen der Ausgestaltung des Übernahmeangebotes im Hinblick auf die Risikoverteilung mit einer passenden Gestaltung reagiert werden.

Bei richtiger Gestaltung sind MAC-Klauseln die passende Antwort. Denn mit solchen Klauseln kann im Rahmen der Risikoverteilung Rechtssicherheit herbeigeführt werden.

Schlussendlich lässt sich also festhalten, dass die Bedeutung von MAC-Klauseln für den deutschen Unternehmenskaufvertrag immens ist.

Literaturverzeichnis

Assmann, Heinz-Dieter/Pötzsch, Thorsten/Schneider, Uwe H.: Kommentar zum Wertpapiererwerbs- und Übernahmegesetz, 2. Auflage, Köln 2013. (zit.: Bearbeiter, in: Amann/Pötzsch/ Schneider, WpÜG, § Rn.)

Badura, Christian C. H.: MAC-Klauseln in Angeboten nach dem Wertpapiererwerbs- und Übernahmegesetz, zugl.: Bonn, Univ., Diss., 2010, Aachen 2010. (zit.: Badura, MAC-Klauseln, S.)

Bamberger, Heinz Georg/Roth, Herbert: Kommentar zum Bürgerlichen Gesetzbuch, Band 1: §§ 1–610 CISG, 3. Auflage, München 2012. (zit.: Bearbeiter, in: Bamberger/Roth, BGB, Band, § Rn.)

Beck, Ralf/Klar, Michael: Asset Deal versus Share Deal – Eine Gesamtbetrachtung unter expliziter Berücksichtigung des Risikoaspekts, DB 2007, S. 2819–2826. (zit.: Beck/Klar, DB 2007, S.)

Beisel, Wilhelm/Klumpp, Hans-Hermann: Der Unternehmenskauf, Gesamtdarstellung der zivil- und steuerrechtlichen Vorgänge, 6. Auflage, München 2009. (zit.: Bearbeiter, in: Beisel/Klumpp, Unternehmenskauf, Kapitel Rn.)

Berger, Klaus Peter/Filgut, Esther: Material-Adverse-Change-Klauseln in Wertpapiererwerbs- und Übernahmeangeboten, WM 2005, S. 253–260. (zit.: Berger/Filgut, WM 2005, S.)

Borris, Christian: Streiterledigung bei (MAC-) Klauseln in Unternehmenskaufverträgen: ein Fall für "Fast-Track"-Schiedsverfahren, BB 2008, S. 294–298. (zit.: Borris, BB 2008, S.)

Breckheimer, Fabian/Karrenbrock, Tobias: Wirtschaftssanktionen und politische Krisen – Auswirkungen im grenzüberschreitenden Geschäft und Möglichkeiten der vertraglichen Risikobegrenzung, BB 2014, S. 3011–3015. (zit.: Breckheimer/Karrenbrock, BB 2014, S.)

Buermeyer, Ines: Bedingungen in öffentlichen Übernahmeangeboten, insbesondere Material-Adverse-Change-Klauseln, zugl.: Bonn, Univ., Diss., 2006, Frankfurt am Main 2006. (zit.: Buermeyer, Bedingungen in öffentlichen Übernahmeangeboten, S.)

Busch, Torsten: Bedingungen in Übernahmeangeboten, AG 2002, S. 145–152. (zit.: Busch, AG 2002, S.)

Canaris, Claus-Wilhelm: Die Reform des Rechts der Leistungsstörungen, JZ 2001, S. 499–524. (zit.: Canaris, JZ 2001, S.)

Ehricke, Ulrich/Ekkenga, Jens/Oechsler, Jürgen: Kommentar zum Wertpapiererwerbs- und Übernahmegesetz, München 2003. (zit.: Bearbeiter, in: Ehricke/Ekkenga/ Oechsler, WpÜG, § Rn.)

Emmerich, Volker: Das Recht der Leistungsstörungen, 6. Auflage, München 2005. (zit.: Emmerich, Leistungsstörungen, § Rn.)

Erman, Walter: Kommentar zum Bürgerlichen Gesetzbuch mit Nebengesetzen, Band 1, 14. Auflage, Köln 2014. (zit.: Bearbeiter, in: Erman, BGB, Band, § Rn.)

Feißel, Annette/Gorn, Cornelia: Finanzkrise vs. Pacta sunt servanda – Vertragsanpassung in Krisenzeiten, BB 2009, S. 1138–1145. (zit.: Feißel/Gorn, BB 2009, S.)

Flume, Werner: Allgemeiner Teil des Bürgerlichen Rechts, Zweiter Band, Das Rechtsgeschäft, 4. Auflage, Berlin u.a. 1992. (zit.: Flume, BGB AT II, § S.)

Haberstock, Otto: Risikoverteilung im Unternehmenskauf, in: Birk, Dieter (Hrsg.), Transaktionen, Vermögen, Pro Bono, Festschrift zum zehnjährigen Bestehen von P+P Pöllath + Partners, München 2008, S. 29–49. (zit.: Haberstock, in: FS P+P, S.)

Hanke, Kerstin/Socher, Oliver: Fachbegriffe aus M & A und Corporate Finance – Die Gestaltung des Unternehmenskaufvertrags, NJW 2010, S. 1576–1577. (zit.: Hanke/Socher, NJW 2010, S.)

Hasselbach, Kai/Wirtz, Johannes: Die Verwendung von MAC-Klauseln in Angeboten nach dem WpÜG, BB 2005, S. 842–846. (zit.: Hasselbach/Wirtz, BB 2005, S.)

Heinrich, Christian: Formale Freiheit und materielle Gerechtigkeit, zugl.: Passau, Univ., Habil.-Schr., 1999, Tübingen 2000. (zit.: Heinrich, Formale Freiheit und materielle Gerechtigkeit, S.)

Henssler, Martin: Material Adverse Change-Klauseln in deutschen Unternehmenskaufverträgen – (r)eine Modeerscheinung?, in: Baums, Theodor/Lutter, Marcus/Schmidt, Karsten/ u.a. (Hrsg.), Festschrift für Ulrich Huber zum 70. Geburtstag, Tübingen 2006, S. 739–756. (zit.: Henssler, in: FS Huber, S.)

Hölters, Wolfgang: Handbuch Unternehmenskauf, 8. Auflage, Köln 2015. (zit.: Bearbeiter, in: Hölters, Unternehmenskauf, Teil Rn.)

Holzapfel, Hans-Joachim/Pöllath, Reinhard: Unternehmenskauf in Recht und Praxis, Rechtliche und steuerliche Aspekte, 14. Auflage, Köln 2010. (zit.: Holzapfel/Pöllath, Unternehmenskauf, Rn.)

Hopt, Klaus J.: MAC-Klauseln im Finanz- und Übernahmerecht, in: Bitter, Georg/Lutter, Marcus/Priester, Hans-Joachim/ u.a. (Hrsg.), Festschrift für Karsten Schmidt zum 70. Geburtstag, Köln 2009, S. 681–704. (zit.: Hopt, in: FS Schmidt, S.)

Hornuf, Lars/Zanconato, Ulrich Andreas: MAC-Klauseln in deutschen Übernahmeangeboten: Eine rechtstatsächliche Untersuchung, ZBB/JBB 2011, S. 412–416. (zit.: Hornuf/Zanconato, ZBB/JBB 2011, S.)

Junker, Abbo/Kamanabrou, Sudabeh: Vertragsgestaltung, 4. Auflage, München 2014. (zit.: Junker/Kamanabrou, Vertragsgestaltung, § Rn.)

Juris Praxis Kommentar BGB: Kommentar zum Bürgerlichen Gesetzbuch, Band 2.1, Schuldrecht (Teil 1: §§ 241 bis 432), 7. Auflage, Saarbrücken 2014. (zit.: Bearbeiter, in: Juris Pk, BGB, Band, § Rn.)

Kann, Jürgen van: Praxishandbuch Unternehmenskauf, Leitfaden Mergers & Acquisitions, Stuttgart 2009. (zit.: Bearbeiter, in: Kann, Unternehmenskauf, Kapitel S.)

Kindt, Anne/Stanek, Dennis: MAC-Klauseln in der Krise, BB 2010, S. 1490–1495. (zit.: Kindt/Stanek, BB 2010, S.)

Knott, Hermann J./Mielke, Werner: Unternehmenskauf, 4. Auflage, Köln 2012. (zit.: Bearbeiter, in: Knott/Mielke, Unternehmenskauf, Rn.)

Kölner Kommentar zum WpÜG: Kommentar zum Wertpapiererwerbs- und Übernahmegesetz mit AngebVO und §§ 327a–327f AktG, 2. Auflage, Köln 2010. (zit.: Bearbeiter, in: KK-WpÜG, § Rn.)

Kuntz, Thilo: Auswirkungen der Finanzmarktkrise auf Unternehmenskaufverträge aus Sicht des Käufers – Anpassungs- und Lösungsrechte bei Verschlechterung des Zustands der Zielgesellschaft oder Erschwerung der Finanzierung des Kaufpreises –, WM 2009, S. 1257–1264. (zit.: Kuntz, WM 2009, S.)

–: Die Auslegung von Material Adverse Change (MAC)-Klauseln in Unternehmenskaufverträgen, DStR 2009, S. 377–383. (zit.: Kuntz, DStR 2009, S.)

Lange, Christoph: „Material Adverse Effect" und „Material Adverse Change"-Klauseln in amerikanischen Unternehmenskaufverträgen, NZG 2005, S. 454–458. (zit.: Lange, NZG 2005, S.)

Lappe, Thomas/Schmitt, Alexander: Risikoverteilung beim Unternehmenskauf durch Stichtagsregelungen, DB 2007, S. 153–157. (zit.: Lappe/Schmitt, DB 2007, S.)

Larenz, Karl: Lehrbuch des Schuldrechts, Erster Band, Allgemeiner Teil, 14. Auflage, München 1987. (zit.: Larenz, Schuldrecht I, § S.)

Löwisch, Manfred: Rechtswidrigkeit und Rechtfertigung von Forderungsverletzungen, AcP 165 (1965), S. 421–452. (zit.: Löwisch, AcP 165 (1965), S.)

Münchener Kommentar zum Aktiengesetz: Kommentar zum Aktiengesetz, Band 6, §§ 329–410, WpÜG, Österreichisches Übernahmerecht, 3. Auflage, München 2011. (zit.: Bearbeiter, in: MüKo, AktG, Band, § Rn.)

Münchener Kommentar zum Bürgerlichen Gesetzbuch: Kommentar zum Bürgerlichen Gesetzbuch, Band 2, Schuldrecht, Allgemeiner Teil, §§ 241–432, 6. Auflage, München 2012. (zit.: Bearbeiter, in: MüKo, BGB, Band, § Rn.)

Münchener Kommentar zum Handelsgesetzbuch: Kommentar zum Handelsgesetzbuch, Band 1, Erstes Buch, Handelsstand, §§ 1–104a, 3. Auflage, München 2010. (zit.: Bearbeiter, in: MüKo, HGB, Band, § Rn.)

Palandt, Otto: Kommentar zum Bürgerlichen Gesetzbuch mit Nebengesetzen, 74. Auflage, München 2015. (zit.: Bearbeiter, in: Palandt, BGB, § Rn.)

Picot, Gerhard: Handbuch Mergers & Acquisitions, Planung – Durchführung – Integration, 5. Auflage, Stuttgart 2012. (zit.: Bearbeiter, in: Picot, Mergers & Acquisitions, Kapitel S.)

–: Unternehmenskauf und Restrukturierung, 4. Auflage, München 2013. (zit.: Bearbeiter, in: Picot, Unternehmenskauf, § Rn.)

–/Duggal, Raoul: Unternehmenskauf: Schutz vor wesentlich nachteiligen Veränderungen der Grundlagen der Transaktion durch sog. MAC-Klauseln, DB 2003, S. 2635–2642. (zit.: Picot/Duggal, DB 2003, S.)

Rödder, Thomas/Hötzel, Oliver/Mueller-Thuns, Thomas: Unternehmenskauf, Unternehmensverkauf, Zivilrechtliche und steuerrechtliche Gestaltungspraxis, München 2003. (zit.: Bearbeiter, in: Rödder/Hötzel/Mueller-Thuns, Unternehmenskauf, § Rn.)

Saenger, Ingo/Aderhold, Lutz/Lenkaitis, Karlheinz/ u.a.: Handels- und Gesellschaftsrecht, Praxishandbuch, 2. Auflage, Baden-Baden 2011. (zit.: Bearbeiter, in: Saenger/Aderhold/ Lenkaitis, Handels- und Gesellschaftsrecht, § Rn.)

Schlößer, Daniel: Material Adverse Change-Klauseln in US-amerikanischen Unternehmenskaufverträgen, RIW 2006, S. 889–898. (zit.: Schlößer, RIW 2006, S.)

Semler, Johannes/Volhard, Rüdiger: Arbeitshandbuch für Unternehmensübernahmen, Band 1, München 2001. (zit.: Bearbeiter, in: Semler/Volhard, Unternehmensübernahmen, Band, § Rn.)

Soergel, Hans Theodor: Kommentar zum Bürgerlichen Gesetzbuch mit Einführungsgesetz und Nebengesetzen, Band 2, Allgemeiner Teil 2, §§ 104–240, 13. Auflage, Stuttgart u.a. 1999. (zit.: Bearbeiter, in: Soergel, BGB, Band, § Rn.)

Staudinger, Julius von: Kommentar zum Bürgerlichen Gesetzbuch mit Einführungsgesetz und Nebengesetzen, Buch 2, Recht der Schuldverhältnisse, Einleitung zum Schuldrecht; §§ 241–243, (Treu und Glauben), 15. Auflage, Berlin 2015; Buch 2, Recht der Schuldverhältnisse, §§ 433–480, (Kaufrecht), 15. Auflage, Berlin 2014. (zit.: Bearbeiter, in: Staudinger, BGB, Buch, § Rn.)

Steinmeyer, Roland: Kommentar zum Wertpapiererwerbs- und Übernahmegesetz, 3. Auflage, Berlin 2013. (zit.: Bearbeiter, in: Steinmeyer, WpÜG, § Rn.)

Triebel, Volker/Hölzle, Gerrit: Schuldrechtsreform und Unternehmenskaufverträge, BB 2002, S. 521–537. (zit.: Triebel/Hölzle, BB 2002, S.)

Weller, Marc-Philippe: Die Vertragstreue in der Finanzkrise, in: Schmoeckel, Mathias/Kanzleiter, Rainer (Hrsg.), Vertragsschluss – Vertragstreue – Vertragskontrolle, Fünfte Verleihung des Helmut-Schippel-Preises, Baden-Baden 2010, S. 35–49. (zit.: Weller, in: Schmoeckel/Kanzleiter, Vertragsschluss, -treue, -kontrolle, S.)

Wilhelmi, Rüdiger: Vertragsgestaltung beim Unternehmenskauf, in: Tröger, Tobias/Karampatzos, Antonios (Hrsg.), Gestaltung und Anpassung von Verträgen in Krisenzeiten, Tübingen 2014, S. 205–220. (zit.: Wilhelmi, in: Tröger/Karampatzos, Verträge in Krisenzeiten, S.)

Wolf, Manfred/Neuner, Jörg: Allgemeiner Teil des Bürgerlichen Rechts, 10. Auflage, München 2012. (zit.: Wolf/Neuner, BGB AT, § Rn.)